JN026269

自治体 × 福祉機関 × 教育機関 × 地域

ヤングケアラー支援者の

役割と連携

ぎょうせい

はじめに

　ヤングケアラーは、ニュース番組や新聞記事、SNSなどでも多く取り上げられており、その言葉を多くの人が知っているだろう。書籍でもヤングケアラーであった当事者の体験談、それに伴う問題提起などを綴ったものがいくつか刊行されている。しかし、それらでヤングケアラーの実態を把握できたとしても、そこからヤングケアラーはどうしたらよいのか──、その具体的な対策や施策などを扱った著書はないに等しく、ヤングケアラーに対策が講じられ、その数が減少したという報はいまだ耳にしない。

　そこで、本書は、「ヤングケアラーとは？」といったそもそもの基礎知識に触れ、事例などを踏まえながらヤングケアラー支援の課題を明確にした。そして、ヤングケアラーを抱える地域のみならず、学校、自治体、福祉機関がどのように対応していけば解決の道筋が見えるか、アプローチ方法について論じている。

　本書は、以下のような読者に向けて著した。
- 都道府県や市町村といった児童福祉部門、高齢者福祉部門、障害者福祉部門、保健センターもしくは教育委員会などの担当者（公務員）。
- スクールソーシャルワーカーや小・中・高のクラス担任（教諭）、校長、副校長、教頭。とりわけ、学校と福祉関係者との連携を深めるための手法について触れた。
- 社会福祉士、ケアマネジャー、保育士、カウンセラー、臨床心理士などの福祉現場の専門職。実務のみならず学びの書として有益と考える。

●民生委員、自治会役員をはじめ、地域活動に取り組んでいる人々。ぜひヤングケアラーについての知識を深めるために手に取ってもらいたい。

●大学の福祉学部や教育学部、大学院でヤングケアラー関連の研究に励んでいる学生や院生。研究をするうえでの参考書となりうると考える。

●ヤングケアラーに対する国の施策を学びたい人、児童生徒の抱える問題の1つの要因に「ヤングケアラー」が背景にあることを見極める知識・技能を身につけたい人。なお、ヤングケアラー問題に対処できる、人材養成・育成に役立つ教科書としての位置づけともなっている。

　ヤングケアラーが抱える問題は、個人や家族間で対応するのではなく、社会全体で対処しなければ解決の糸口は見いだせない。本書が、これら問題に取り組む環境づくりに寄与できる書となることを期待したい。なお、本書で紹介されている事例は架空に設定するなど、個人情報に関して留意していることを申し述べておく。

執筆者を代表して

結城康博（淑徳大学教授）

※本書において、「児童」とは、児童福祉法に従い18歳未満の者を指すものとして使用する。なお、教育学における「児童」とは小学校段階の子どもを指すため、学校教育の視点から子どもを捉える際には小中高校生を指すものとして「児童生徒」という用語を使用している。

目　次

第Ⅱ部 子どもの抱える課題にいかに気づくか
―アクター別のかかわり方―

第6章　民生委員・児童委員活動と　ヤングケアラー

第7章　多様な支援主体のかかわりの現状と課題

第III部 これからのヤングケアラー支援にどう取り組むか

第8章 保健・福祉・教育の連携のあり方
― 関係機関はどのように連携ができるか ―

第9章 ケアラー支援条例にみる自治体のヤングケアラー支援

第10章 これからのヤングケアラー支援の実践
― 福祉と教育の橋渡し ―

第 1 章

ヤングケアラーとは

1. ケアラーとは？

（1）「骨太の方針」にも明記

　昨今、全国の教育機関、児童福祉、地域福祉、地方議会の場において、ヤングケアラーが抱える問題についての活発な議論が展開されるようになった。

　政府の動きとしても、2022年6月7日に閣議決定された「経済財政運営と改革の基本方針2022（骨太の方針2022）」の中で、「こどもの成長環境にかかわらず誰一人取り残すことなく健やかな成長を保障するため、児童虐待防止対策の更なる強化、ヤングケアラー、若年妊婦やひとり親世帯への支援、真に支援を要するこどもや家庭の早期発見・プッシュ型支援のためのデータ連携、医療的ケア児を含む障害児に対する支援、いじめ防止対策の推進等に取り組む。」と、「ヤングケアラー」[1]というキーワードが盛り込まれている。

　そこでまず、「ケアラー」という用語から考えてみよう。埼玉県では全国でいち早く、2020年3月に「埼玉県ケアラー支援条例」が制定された。本条例2条（定義）において、「ケアラー　高齢、身体上又は精神上の障害又は疾病等により援助を必要とする親族、友人その他の身近な人に対して、無償で介護、看護、日常生活上の世話その他の援助を提供する者をいう。」と明記されている。そして、「ヤングケアラー」を、ケアラーのうち18歳未満の者をいうと規定している[2]。

1　閣議決定「経済財政運営と改革の基本方針2022について」（2022年6月7日）13頁
2　埼玉県条例第11号「埼玉県ケアラー支援条例」（2020年3月31日）
　　https://www.pref.saitama.lg.jp/a0609/chiikihoukatukea/jourei.html

　いわば高齢者に限らず、障害児者、医療的ケア児、高次脳機能障害者、難病患者などの介護や看護を行う者を「ケアラー」とし、条例と照らすと「無償」で介護を担っていることを意味する。

　なお、埼玉県においては、ケアラーの性別は「男性」22.2％、「女性」76.9％であり、年代別では50歳代以上が全体の2/3を占めているという[3]。ケアの内容としては、「買い物、食事の用意や後片付け、洗濯、掃除などの家事」が83.8％、「通院の援助」が79.0％、「役所や事業所等との連絡や書類などの諸手続き」が78.5％、「本人の気持ちを支えるために、話しかけたり、そばにいたり、見守りをしている」が68.1％などとなっている[4]。

（2）介護離職の実態

ア．高齢社会対策大綱（2018年2月16日閣議決定）

　そもそもケアラーという用語が世間で注目されるようになったのは、「介護離職ゼロ」といった施策によるところが大きいと考える。

　2018年2月閣議決定の高齢社会対策大綱において、「家族の介護を理由とした離職を防止するため、『ニッポン一億総活躍プラン』（2016年6月2日閣議決定）を強力に推進し、介護休業を取得しやすく職場復帰しやすい環境づくりや、介護をしながら働き続けやすい環境の整備などを進め、仕事と介護を両立することができる雇用・就業環境の整備を図る。」[5]と、安倍政権における「介護離職」対策が重要な政策として位置づけられている。

　1995年に高齢社会対策基本法が制定されて以来、政府は定期的に「高齢社会対策大綱」を定めることとなっており、現在、団塊世

3　埼玉県「埼玉県ケアラー支援計画令和3年度〜令和5年度」（2021年3月）20頁
4　埼玉県「埼玉県ケアラー支援計画令和3年度〜令和5年度」（2021年3月）21頁
5　「高齢社会対策大綱」（2018年2月16日閣議決定）

代がすべて75歳以上となる2025年問題が高齢社会対策の根幹をなしている。

イ．ニッポン一億総活躍プラン

通称アベノミクスと呼ばれ、安倍政権における経済政策の基軸となっていた「成長と分配の好循環」のメカニズムの達成が目指され、その中の１つとして「介護離職ゼロ」が盛り込まれた。

その背景としては、「アベノミクスの成果を活用し、子育てや社会保障の基盤を強化する。新たな第二・第三の矢により、子育てや介護をしながら仕事を続けることができるようにすることで労働参加を拡大し、潜在成長率の底上げを図る」[6]と、少子高齢化に伴う生産年齢人口の減少に併せて、「介護」を理由に仕事を辞めてしまう働き手が生じてしまい、さらなる労働力不足に拍車がかかってしまう恐れがあるからだった。

2. ヤングケアラーの定義

こども家庭庁ホームページによれば、「『ヤングケアラー』とは、本来大人が担うと想定されている家事や家族の世話などを日常的に行っているこどものこと。責任や負担の重さにより、学業や友人関係などに影響が出てしまうことがあります。」[7]と記載されている。

また、一般社団法人日本ケアラー連盟では「家族にケアを要する人がいる場合に、大人が担うようなケア責任を引き受け、家事や家

6　「ニッポン一億総活躍プラン」（2018年６月２日閣議決定）４頁
7　こども家庭庁HP「ヤングケアラーについて」
　　https://www.cfa.go.jp/policies/young-carer/

族の世話、介護、感情面のサポートなどを行っている、18歳未満の子どものことです。ケアが必要な人は、主に、障害や病気のある親や高齢の祖父母ですが、きょうだいや他の親族の場合もあります。」[8]としている。なお、同法人では、「若者ケアラー」と位置づけ、18歳〜おおむね30歳代の「ケアラー」として想定している。

　このように「ヤングケアラー」とは、本来、大人が担うべき「家事」「介護」「家族の世話」などを、日常的に担っている18歳未満（高校生以下）といえるだろう。ただ、大学生や20歳代の若者も「ヤングケアラー」に類似した層と理解できる。

3. 家族の世話や手伝いは？

　もっとも、「小さいきょうだいの面倒をみる」「一部、祖父母の介護を担う」「皿洗い、買い物、家の掃除、洗濯」などを小学校高学年および中高生が担うことは、通常の家庭でも珍しいことではなく、これらも「ヤングケアラー」といえるのかと疑問に感じる人もいるだろう。

　少なくとも1955年から1980年代までは、これら「家」の手伝いは当たり前で、社会問題化されることはなかったに違いない。そこで、筆者は、「ヤングケアラー」問題の対象となる児童の生活環境を鑑み、以下のような論点が挙げられると考える。

　第1に、児童にとって問題となるのが、学習機会が保障されず、進学などに大きなマイナスとなること。

8　一般社団法人日本ケアラー連盟HP「ヤングケアラープロジェクト」
https://youngcarerpj.jimdofree.com/

第2に、部活や友人との付き合いなどの時間が阻害され、同年代の仲間から「孤立」してしまう危険性があること。

第3に、児童が家事や介護を担うことで負担を感じ、ストレスが生じることで健全な青少年（児童）の育成に支障をきたし、成人後の生活に大きな問題となること。

特に、十分に「学業」に取り組む時間が阻害される。学校での部活や仲間づくりに時間を割くことができず、学校生活で制約を受けてしまうことで児童福祉の視点から「こどもの権利」の侵害につながっていることが看過できない。

4. ヤングケアラーの実態（国の調査）

「ヤングケアラーの実態に関する調査研究報告書」[9]によれば、家族の中で支援の対象者として「きょうだい」が最も多かった（図表1－1）。そして、父母の世話をしているケースでは、その状態は「身体障害」「精神疾患」が多くを占めている（図表1－2）。祖父母の世話をしているケースでは、「要介護」「認知症」などが見受けられる（図表1－3）。

なお、同調査によれば、家族の世話をしている「ヤングケアラー」における家族構成としては、「二世帯」が最も多いものの、「ひとり親家庭」も2割強となっている（表1－4）。

たしかに、「きょうだい」の世話をするという感覚は、妹もしくは弟の面倒をみるということであり、一昔前であれば当然の感覚で

9　三菱UFJリサーチ＆コンサルティング「ヤングケアラーの実態に関する調査研究報告書」（2021年3月）

あったかもしれない。しかし、現在、きょうだい数も少なくなっており、たとえ多くとも学業や学校生活の妨げになる「きょうだい」の世話は、児童の「権利」を侵害していることとなり、「ヤングケアラー」問題として看過できなくなっている。

　まして、「父母」「祖父母」の介護などに携わる実態が一定程度データとして顕在化していることから、介護保険サービスや障害者

図表1－1　世話を必要としている家族（複数回答）

（％）

	中学2年生（n=319）	全日制高校2年生（n=307）
父母	23.5	29.6
祖父母	14.7	22.5
きょうだい	61.8	44.3
その他	3.8	5.5
無回答	9.4	8.8

出典：三菱UFJリサーチ＆コンサルティング「ヤングケアラーの実態に関する調査研究報告書」（2021年3月）
92頁をもとに作成

図表1－2　父母への世話における状態（複数回答）

（％）

	中学2年生（n=75）	全日制高校2年生（n=91）
高齢（65歳以上）	13.3	13.2
要介護	6.7	9.9
認知症	5.3	4.4
身体障害	20.0	15.4
知的障害	5.3	3.3
精神疾患、依存症（疑い含む）	17.3	14.3
精神疾患、依存症以外の病気	12.0	7.7
その他	18.7	17.6
無回答	32.0	37.4

出典：三菱UFJリサーチ＆コンサルティング「ヤングケアラーの実態に関する調査研究報告書」（2021年3月）
93頁をもとに作成

図表1－3　祖父母への世話における状態（複数回答）

(%)

	中学2年生(n=47)	全日制高校2年生(n=69)
高齢（65歳以上）	80.9	76.8
要介護	27.7	33.3
認知症	19.1	23.2
身体障害	17.0	17.4
知的障害	6.4	7.2
精神疾患、依存症（疑い含む）	8.5	5.8
精神疾患、依存症以外の病気	8.5	8.7
その他	6.4	8.7
無回答	8.5	5.8

出典：三菱UFJリサーチ＆コンサルティング「ヤングケアラーの実態に関する調査研究報告書」（2021年3月）
93頁をもとに作成

図表1－4　家族の世話の有無と家族構成（複数回答）

(%)

	いる（n=660）	いない（n=12568）
二世帯	52.6	65.7
三世帯	16.7	14.3
ひとり親世帯	23.2	16.8
1人暮らし、寮、施設	0.3	0.3
その他の世帯	6.5	2.6
無回答	0.8	0.2

出典：三菱UFJリサーチ＆コンサルティング「ヤングケアラーの実態に関する調査研究報告書」（2021年3月）
106頁をもとに作成

福祉制度といった社会サービスが、一部、機能していないことが浮き彫りとなっている。児童の学業や学校生活に影響を及ぼすのであれば、なぜ社会サービスで対応できないのかといった疑念が生じるのは当然であろう。

　また、「ひとり親家庭」が「ヤングケアラー」において一定の割

合を占めていることは、家族の構成員が少ないため、家族機能の低下が浮き彫りになるといえよう。

5. 社会環境の変化

（1）母親の出産年齢の上昇

いずれにしろ教育機関、児童福祉分野に限らず、障害者福祉・高齢者福祉分野においても「ヤングケアラー」問題は深刻化しつつある。特に、祖父母の「介護」に関しては、母親の年齢にも関係していると考える。

一般的に35歳以上で出産するケースを「高齢出産」と認識される（厳密には「初産」の場合ともいわれる）。厚生労働省の資料によれば、母親が35歳以上で子を産む割合が2000年以降から全体の

図表 1 − 5　35歳以上の母親が出産した割合推移（％）

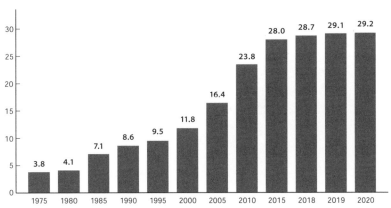

出典：厚生労働省「人口動態調査」をもとに作成

1割を超え、現在約3割を占める水準にまで迫っている（図表1－5）。つまり、この20年間で中学生・高校生の母親が50歳を超えることは珍しくない。そうであれば、当然、祖父母は80歳を超えているのも容易にわかる。

また、母親もしくは父親の年齢が50歳を超えているのであれば、重い「疾病」を患う可能性もあり、「慢性疾患」「がん治療」といった問題を抱える家族も珍しくない。いわば、「ヤングケアラー」問題とは、このような「晩産化」が大きく関連していると考える。

（2）離婚の問題

なお、「ヤングケアラー」を考えるうえでは家族構成の推移も考えていく必要もある。総離婚件数は2020年約19.3万件であり[10]、未成年にとっては母子家庭もしくは父子家庭となる確率が高くなっていると推察される。

このような状況を考えれば家族構成は少なくなり、一部の中高生が祖父母の「介護」を担わなければならない可能性が生じるのであろう。しかも、きょうだいがいない1人っ子となれば、家族介護力が乏しくなり、当然、「孫」の負担も増していく。

10　厚生労働省「令和2年（2020）人口動態統計（確定数）の概況」（2022年2月25日）

6. 具体的な介護実態

（1）家事などの身の回りの世話

　実際、ヤングケアラーが担っている「介護」を具体的に見てみよう。日本総合研究所「ヤングケアラーの実態に関する調査研究報告書」（2022 年 3 月）において、大学生を対象とした調査結果が参考となる。この調査は、「現在でも家族の世話をしているが 596 名」、「現在はいないが、過去にはいた 391 名」といった回答結果が示された[11]。

　この調査結果（複数回答）では、被介護者が「母親」の場合で世話を行っている（行っていた）内容は、「家事（食事の準備や掃除、洗濯）が 69.9 ％。被介護者が「祖母」においては見守りが 57.4 ％。そして、被介護者が「きょうだい」においては「家事（食事の準備や掃除、洗濯）が 59.9 ％であった。このように「ヤングケアラー」における実際の介護は、家事や見守りなどが多い。もちろん、「身体介護（入浴やトイレ、食事のお世話など）」「通院の付き添い」なども一定の割合を占めている[12]。

　そして、家族の「介護」を担うことで犠牲となっている項目としては、「自分の時間が取れなかった」「睡眠が十分に取れなかった」「友人と遊ぶことができなかった」「課題・予習復習をする時間が取れなかった」といった回答となっている[13]。

11　株式会社日本総合研究所「ヤングケアラーの実態に関する調査研究報告書」（2022 年 3 月）137 頁
12　株式会社日本総合研究所「ヤングケアラーの実態に関する調査研究報告書」（2022 年 3 月）144 〜 148 頁

（2）子どもの権利が侵害されているか？

　その意味では「ヤングケアラー」問題は、家族の介護によって子どもの権利が侵害されているか否かが大きなポイントとなる。従来、子どもが「家族の世話」「介護」「家事手伝い」をすることは「孝行」という視点で奨励されている。たとえば、祖母の通院介助に高校2年生の孫が同伴することは、好ましい姿であろう。

　しかし、これらの行為が常態化してしまい、高校生（子ども）の権利が侵害されるほどまでになると「ヤングケアラー」問題となる。つまり、子どもの権利条約では子どもの「権利」を守らなければならないことになっているが、家族の「介護」といえども、その権利は侵害されてはならないとする認識が社会に求められている。

　「多機関・多職種連携によるヤングケアラー支援マニュアル」において、「子どもの権利条約」のうち、ヤングケアラーと関係の深い子どもの権利を以下のように挙げている[14]。

　　第3条　子どもにもっともよいことを

　　第6条　生きる権利・育つ権利

　　第12条　意見を表す権利

　　第13条　表現の自由

　　第24条　健康・医療への権利

　　第26条　社会保障を受ける権利

　　第27条　生活水準の確保

　　第28条　教育を受ける権利

13　株式会社日本総合研究所「ヤングケアラーの実態に関する調査研究報告書」（2022年3月）153頁

14　有限責任監査法人トーマツ「多機関・多職種連携によるヤングケアラー支援マニュアル」（2022年3月）4頁

第31条　休み、遊ぶ権利

第32条　経済的搾取・有害な労働からの保護

第36条　あらゆる搾取からの保護

　つまり、大人たちもしくは社会は、「ヤングケアラー」と称される子どもたちに何をしなければならないかと問われた際、子どもの「権利」が侵害されているのであれば支援をしていかなければならない。もしくは、権利の「侵害」までには至らなくとも、「支援」を必要としている子どもがいれば、それらに対応する必要がある。また、その子どもがケアしている対象者の状況をよく確認し、子どもの内面・気持ちにも気を配る必要がある。

7. ヤングケアラーの顕在化

（1）気づいていない、気づいてほしくない！

ア．学校内（教育機関）での対応

　ヤングケアラーの存在に気づくには、直に生徒らに接している学校（教育機関）がもっとも効果的である。

　前述の日本総合研究所「ヤングケアラーの実態に関する調査研究報告書」において、全国の小学校から350校を層化無作為抽出により行った調査結果がある。それによると「ヤングケアラー」の概念の認識について聞いたところ、「言葉は知っているが、学校としては特別な対応はしていない」が51.0％、「言葉を知っており、学校として意識して対応している」が41.4％となっている[15]。

　つまり、ヤングケアラーといった概念は浸透しているが、その対

応策の実施は十分とはいえない。

イ．スクールソーシャルワーカー（以下、SSWerとする）への期待

　なお、対応しているケースでは、担任（教員）がキーパーソンとなる場合が多いが、SSWerへの期待も高い。教員が授業やクラス全体の対応に迫られるため、専門職であるSSWerが「ヤングケアラー」の発掘、その対応などが効果的であろう。

　たとえば、「多機関・多職種連携によるヤングケアラー支援マニュアル」では、教育・保育側からの「ヤングケアラーではないか？」と気づくきっかけとして、以下を挙げている[16]。

　　◇本人の健康上に問題がなさそうだが欠席が多い、不登校である
　　◇遅刻や早退が多い
　　◇保健室で過ごしていることが多い
　　◇提出物が遅れがちになってきた
　　◇持ち物がそろわなくなってきた
　　◇しっかりしすぎている
　　◇優等生でいつも頑張っている
　　◇子ども同士よりも大人と話が合う
　　◇周囲の人に気を遣いすぎる
　　◇服装が乱れている
　　◇児童・生徒から相談がある
　　◇家庭訪問時や生活ノート等にケアをしていることが書かれている
　　◇保護者が授業参観や保護者面談に来ない
　　◇幼いきょうだいの送迎をしていることがある

15　株式会社日本総合研究所「ヤングケアラーの実態に関する調査研究報告書」
　　（2022年３月）19頁

　このような該当児童生徒を担任が見かける（気づく）と、SSWer
を通じて支援につなげていくプロセスを踏むことが多い。しかし、
SSWerは必ずしも毎日出勤しているわけではない。非常勤職員が
多く、児童生徒との関係が教員とは異なり、薄い傾向にある。児童
生徒からすれば接点のないSSWerにつなげられても、相談するこ
とに消極的になることは否めない。たしかに、支援効果が見受けら
れるケースもあるが、SSWerと児童生徒の信頼関係を構築してい
くには現状の学校組織から考えて課題が多い。

（2）どこまで介入できるか？

　特に、ヤングケアラー問題は、明らかな「ネグレクト」といった
虐待ケース（実態はネグレクトのケースもあるが）ではないため、
どこまで児童生徒の私生活および家庭問題に、学校、公的機関、民
生委員、児童委員などがかかわれるかも課題となる。

　よほどの問題が生じれば第三者が介入することはできるが、たと
え家事支援で児童生徒の学校生活に、多少の支障をきたしている程
度では介入する大義名分が見つけにくい。そして、児童生徒自身も
「ヤングケアラー」と言われたくないといった気持ちもあり、学校
や支援機関の介入を拒み顕在化しにくい。

　そのため、被介護者および児童生徒本人の支援を受け入れる、も
しくは自覚するといった側面がなければ、実際の支援には結びつき
にくい。ここがヤングケアラーの課題を深刻化させているポイント
である。

16　有限責任監査法人トーマツ「多機関・多職種連携によるヤングケアラー支援マ
　ニュアル」（2022年3月）11頁

8. 教育者および福祉関係者の意識改革

（1）認識を深めること

　教育機関（学校）においては、「ヤングケアラー」問題の理解を深めるシステムを考える必要がある。たとえば、小・中・高における教員研修で、「ヤングケアラー」問題を取り上げ、これらの認識を深めることである。SSWerと教員間で、定期的に「ヤングケアラー」問題を話し合うなど、常に潜在的なニーズがないかを確認する組織運営が必要である。

　また、福祉関係者においても、「ヤングケアラー」問題を踏まえて、単純に中高生といった家族がいるから、何らかの支援を期待することなく、これら児童生徒が介護を担っているケースが見受けられたなら、何らかの対応をしなければならないと認識するべきである。

　たとえば、母親が入院しているケースで、高校生の娘が毎日、衣類などの持ち運び・洗濯を担っているとしたら、医療ソーシャルワーカーはそれを「問題」があるのではないかと考える、といったように専門職の視点を普遍化していかなければならない。

（2）家族介護者もクライエント

　福祉関係者はどうしても「被介護者のアセスメント」「サービスプラン」といった側面に偏りがちとなり、その同居家族を支援の対象と考えにくい。利用者（被介護者）第一主義とでもいうべき視点が強く、その家族の現状を鑑みながら支援にあたる度合いが薄くなってしまう。

9. 被介護者と既存サービス

（1）家族のクライエント

　繰り返すが、ヤングケアラーが、ケアしている家族は、母親、祖父母、きょうだい、父親など家族である。精神疾患を抱えた母親、障害のある妹、認知症を患った祖父……。これらの対象者（クライエント）には、何らかの支援者が存在する。

　しかし、これらの支援者は、同居しているヤングケアラーまでを対象者（クライエント）とはただちに想定していない可能性がある。

（2）介護保険による「生活援助」

　介護保険におけるヘルパーの「生活援助」は、同居家族がいるとかなり利用しづらい状況となっている。このような規定に関して、真剣に考える時期に来ているのではないだろうか。

　実際、政府は「介護離職」防止という政策を掲げながら、これまで同居家族による「生活援助」の規定を緩和させることはなかった。もちろん、中学生・高校生が同居している要介護者においても、同様な認識とされている。

　このような実態は、障害者総合支援法による障害者福祉サービスにおいても同様であり、「訪問介護」といった社会サービスの利用が限定的だ。

　仮に、政府が「中高生は同居家族として家族介護者にあたらず、1人暮らし高齢者もしくは障害者と変わらない状況である」といった解釈通知を出すだけでも、かなり「訪問介護」といった社会サービスが利用しやすくなる。

たとえば、中高生のいる部屋も含め掃除はすべての居室はＯＫ、中高生の洗濯も一緒に可能、食事も中高生の分も一緒に支度できる、といった柔軟な運用となれば、かなり既存の介護保険および障害者福祉サービスの活用で、「ヤングケアラー」の家事負担等は軽減できる。

（3）ケアラー支援と介護保険など

　1つの例として、「介護保険」などの理念を要介護者および同居家族支援といった方向に変革していく必要がある。いわば「ケアラー支援」の理念を踏まえた介護保険にしていくべきである。

　具体的には、①同居家族がいるかいないかにかかわらず、「生活援助」が必要とあれば利用できる、②ヘルパーの「食事づくり」においても同居家族が働いている、勉学している学生がいるならば、家族の分も調理可能とする、③必要とあれば、要介護者と同居している家族の部屋や洗濯なども可能とするなど、訪問介護（生活援助）による現行の制約を緩和させるべきである。

　このようなケアラー支援に基づく制度にしていけば、「生活援助」において1回のケア時間も90分〜120分以上とするなど、併せて介護報酬の単価を引き上げる措置も講じていくべきである。同居家族の生活支援をするには、一定のケア時間がかかるからだ。

10. 子育て世帯訪問支援臨時特例事業

（1）2022年度から3年間を「集中取組期間」

　厚生労働省は、「子どもらしい生活を送ることができないヤングケアラーへの支援について、2022年度（令和4年度）から3年間

を『集中取組期間』として取り組み、社会的認知度の向上、地方自治体による実態調査や研修、先進的な取組に対する支援、当事者団体や支援団体のネットワークづくりを支援する」[17]とした子育て家庭を支援する施策を打ち出している。

　具体的には、「ヤングケアラー」における中・高校生の認知度5割を目指し、①社会的認知度の向上に取り組む、②自治体による実態調査や研修の実施、③コーディネーターの配置やピアサポートなど自治体の先進的な取組を支援するなどである。

　これらは2022年度（令和4年度）予算から「ヤングケアラー支援体制強化事業」として実施されている（図表1－6、1－7）[18]。また、当事者団体や支援団体のネットワークづくりを支援する「ヤングケアラー相互ネットワーク形成推進事業」（図表1－8）も創設された。

（2）ヤングケアラー・コーディネーターの配置など

　これらの事業によってヤングケアラーを早期に発見し支援につなげることができ、自治体における実態調査、関係機関職員の研修による強化が目指されている。また、「ヤングケアラー・コーディネーター」が配置されることで、ピアサポート等の悩み相談を行う支援者団体の支援、悩みや経験を共有し合うオンラインサロンの設置・運営、支援等といった取り組みが各地域で実践されることが期待されている。なお、ヤングケアラー・コーディネーターとしては、社会福祉士、精神保健福祉士、臨床心理士、公認心理士、保健師、

17　厚生労働省「令和4年度各部局の予算案の概要（子ども家庭局）資料」4頁
18　厚生労働省子ども家庭局長「ヤングケアラー支援体制強化事業の実施について」令和4年3月31日付け子発0331第18号

図表1−6　ヤングケアラー支援体制強化事業（ヤングケアラー実態調査・研修推進事業）

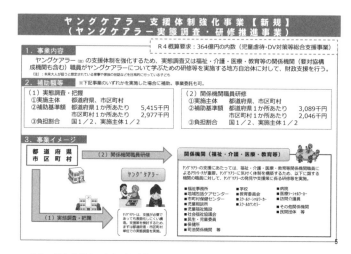

出典：厚生労働省・文部科学省「ヤングケアラーの支援に関する令和4年度概算要求等について」
（2021年9月14日）

図表1−7　ヤングケアラー支援体制強化事業（ヤングケアラー支援体制構築モデル事業）

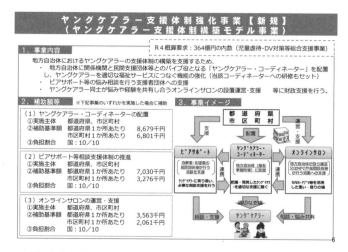

出典：厚生労働省・文部科学省「ヤングケアラーの支援に関する令和4年度概算要求等について」
（2021年9月14日）

図表1－8　ヤングケアラー相互ネットワーク形成推進事業

出典：厚生労働省・文部科学省「ヤングケアラーの支援に関する令和4年度概算要求等について」
（2021年9月14日）

介護支援専門員（ケアマネジャー）、介護福祉士等、ヤングケアラーの支援を行ううえで効果的な資格を有する者、介護支援、生活支援業務に3年以上従事した者が想定されている[19]。

　そして、ヤングケアラーを発見・把握した場合、高齢、障害、疾病、失業、生活困窮、ひとり親家庭等といった家庭の状況に応じ、適切なサービスにつなげられることが重要なポイントといえよう。

11. ヤングケアラーにおける問題点の整理

（1）社会的啓発（どう社会に認識してもらうか？）

　「ヤングケアラー」という言葉は社会に浸透しつつあるが、具体

的意味を理解している者はいまだ少ない。教育関係者および福祉専門職においても、「言葉」自体は知っているが、何が問題で、どう対応すべきかを認識している人は限られる。

そのため、まずは「ヤングケアラー」といった認識を、既述の事業などを通して関係者および市民全体に浸透させていく必要がある。それによって、「潜在化」しているヤングケアラーを「顕在化」させていくことにもつながるからだ。

（2）実態把握

現在、各自治体で「ヤングケアラー」の実態調査の動きが活発化されている。今後、全国的データが明確化されれば、具体的対策案も議論可能となるであろう。

特に、「都市部」と「地方」とではヤングケアラーといった実態も異なるであろう。当然、その受け止め方も市民と専門職とでも違うはずだ。そのため、全国的な実態把握調査によって、「ヤングケアラー」の現状を分析・検証する必要がある。

（3）支援方法（連携を含み支援・援助方法は？）

ア．知られたくない（子ども）への支援

一定の支援方法の課題も散見されている。特に、児童福祉法の対象である小中高生の精神的・心理的配慮は不可欠である。自身が「ヤングケアラー」として認識されたくない児童生徒もいるため、児童福祉の視点で「内面」に配慮したアプローチ方法の普遍化が求められる。

---

19 厚生労働省子ども家庭局長「ヤングケアラー支援体制強化事業の実施について」令和4年3月31日付け子発0331第18号

イ．ヤングケアラーと気づかない子どもらへの支援

　そもそも、自らヤングケアラーと認識していない児童生徒もいる。家族介護によって、自分の時間が削られ、学校生活、友人関係に支障が生じても仕方のないことであり、児童生徒自身が支援の対象であることを気づいていない者も多い。

　このような「気づき」といった視点で、児童生徒の内面・気持ちを大事にしながら支援法を考えていくべきである。

ウ．教育・福祉・保健・地域などとの連携方法

　どうしても支援方法を検討する際に、役所間の縦割り行政の課題が生じてしまう。ヤングケアラー問題における公的機関は、主に市町村となる。市町村においては小さな自治体を除いて、たとえば、教育委員会と福祉・保健部署との連携がポイントとなる。

　また、小中高の教員と、高齢者、障害者、医療機関の福祉専門職との連携機会も少なく、市町村が主体となって実施しなければ情報共有の場はまったくといっていいほどない。反対に、民生委員や児童委員のほうが両者の接点があるかもしれない。その意味では、連携強化の場を多くしていくべきである。

（4）ヤングケアラーを通した家族支援

　本来、被介護者である高齢者、障害児者、精神疾患者、幼児など、既存のサービスが十分に提供されていないため問題となっているケースもある。再度、被介護者のかかわる専門職が「ヤングケアラー」問題を認識して、担当ケースの支援計画を見直すことが必要である。

　既存のサービスが十分に提供されていれば、当該の児童生徒は「ヤングケアラー」となることはないかもしれないからだ。

（5）過度な対応・問題視しすぎる影響

　繰り返すが、「ヤングケアラー」と「家族の手伝い」の違いを、社会で再認識すべきである。あまりにも社会・地域が敏感すぎてしまうと、かえって児童生徒にレッテルを貼ることにもなりかねない危険性もある。

12. 価値観の変容

　「ヤングケアラー」問題は、社会の価値観の変貌、児童を取り巻く環境変化、進学率の向上など、複雑な要素が絡み合って生じている。特に、「家族の世話をすることは常識」といった価値観を、社会全体で変革していかなければならない。その意味では、政府、自治体、教育現場、福祉業界、地域社会、企業などで問題の共有を図り、急いで対処していく必要がある。

第 2 章

ヤングケアラーの課題

―― 子どもの学習機会、交友関係の喪失、
体力・健康への不安、進路の制限 ――

1. 千葉県の調査結果から

（1） 千葉県調査委員会の発足

　筆者は、2022年6月から2023年3月にかけて、千葉県が実施した「ヤングケアラーの実態調査とその支援に関する調査研究」[1]に調査委員会委員長としてかかわった。本調査研究は千葉県および一般財団法人地方自治研究機構との共同研究事業であった。

　千葉県におけるヤングケアラーの実態を定量的に把握することを目的に、「①千葉市立を除く全公立小学校の6年生全員」「②千葉市立を除く全公立中学校の2年生全員」「③千葉市立を除く全公立高等学校の2年生全員」を対象として実施した。千葉市はすでに調査済みであったため、その対象からは除外した。

　調査実施期間は2022年7月8日〜8月5日で、回収件数は小学6年生4,414件、中学2年生3,927件、高校2年生3,051件、定時制高校2年生相当58件の合計11,450件（回収率9.8％）であった。調査方法は、郵送で各学校の学校長あてに文書と児童生徒・保護者あて依頼文を送付し、学校経由で配布した[2]。なお、これら調査対象の学年区分は、すでに実施されている国による調査事業と同様にして、結果を全国的水準と比較しやすくした。

1　千葉県・一般財団法人地方自治研究機構「ヤングケアラーの実態調査とその支援に関する調査研究」（2023年3月）
2　1と同じ

（2）毎日、自分の食事をつくる

　本調査の中での興味深い結果として、「日常生活における影響
（セルフケアの状況）」についてを紹介したい。小学６年生を対象と
した「自分が食べるためのごはんをつくること」という問いにおい
て、家族の世話をしているか否かで差が生じていた（図表２−１、
２−２）。また、同じく「自分が着た服を洗濯すること」という問
いに関しても、家族の世話の有無で差が生じていた。

　たしかに、自分の身の回りのことに責任をもつことは重要ではあ
るが、その頻度が「毎日」という実態は問題視しなければならない
と考える。特に、小学６年生が「毎日」自分の食べる食事を自らつ
くっているケースは、多少、「ネグレクト」に近い状態を想像せず
にはいられない。このような児童においては、日々の食生活、健康
管理において危険視しなければならない。家族の身の回りの世話や
家事などに追われると同時に、自分の食事も小学６年生が作ってい
る実態が浮き彫りとなっている。また、自分の衣服の洗濯も、毎日、
行っていることも同様である。

　なお、中学２年生の結果も同様の状況となっている（図表２−３、
２−４）。ただし、小学６年生と比べて中学２年生となれば多少の
家事に携わる生徒もいるため、一概に「ヤングケアラー」と関係づ
けて考えることには慎重になってもよいのかもしれない。しかし、
その頻度が「毎日」と状態化している点は看過できない。

図表2－1　小学6年生における「自分が食べるためのごはんをつくること」（お世話の有無別）

（％）

	お世話の有	お世話の無
ほぼ毎日	11.3	4.4
週3～4回	7.7	3.9
週1～2回	15.2	11.1
月1～2回	15.2	16.6
ほぼない	45.8	61.7
無回答	4.8	2.4

出典：千葉県・一般財団法人地方自治研究機構「ヤングケアラーの実態調査とその支援に関する調査研究」
（2023年3月）52頁をもとに作成

図表2－2　小学6年生における「自分が着た服を洗濯すること」（お世話の有無別）

（％）

	お世話の有	お世話の無
ほぼ毎日	15.8	6.7
週3～4回	5.6	2.3
週1～2回	6.0	5.0
月1～2回	10.5	8.8
ほぼない	57.1	74.3
無回答	5.0	2.9

出典：千葉県・一般財団法人地方自治研究機構「ヤングケアラーの実態調査とその支援に関する調査研究」
（2023年3月）53頁をもとに作成

図表2－3　中学2年生における自分が食べるためのごはんをつくること（お世話の有無別）

（％）

	お世話の有	お世話の無
ほぼ毎日	10.9	5.1
週3～4回	8.3	4.1
週1～2回	15.8	12.8
月1～2回	17.3	19.9
ほぼない	46.7	56.5
無回答	1.1	1.5

出典：千葉県・一般財団法人地方自治研究機構「ヤングケアラーの実態調査とその支援に関する調査研究」
（2023年3月）52頁をもとに作成

図表2－4　中学2年生における「自分が着た服を洗濯すること」（お世話の有無別）

（%）

	お世話の有	お世話の無
ほぼ毎日	**17.1**	**9.0**
週3〜4回	**6.2**	3.8
週1〜2回	**8.4**	8.1
月1〜2回	**12.4**	11.3
ほぼない	**54.2**	66.2
無回答	**1.7**	1.4

出典：千葉県・一般財団法人地方自治研究機構「ヤングケアラーの実態調査とその支援に関する調査研究」
（2023年3月）53頁をもとに作成

2. セルフケアとネグレクト

（1）ネグレクトの要素も？

　児童虐待の1つに、「育児放棄」「育児怠慢」といったネグレクトがある。これらは「身体的ネグレクト」「情緒的ネグレクト」「医療的ネグレクト」「教育的ネグレクト」と大きく4分類されている。原則、「ヤングケアラー」は、これらネグレクトとは異なった概念であり、児童虐待であるネグレクトまで悲惨な状況ではないだろう。

図表2－5　ヤングケアラーとネグレクトの概念図

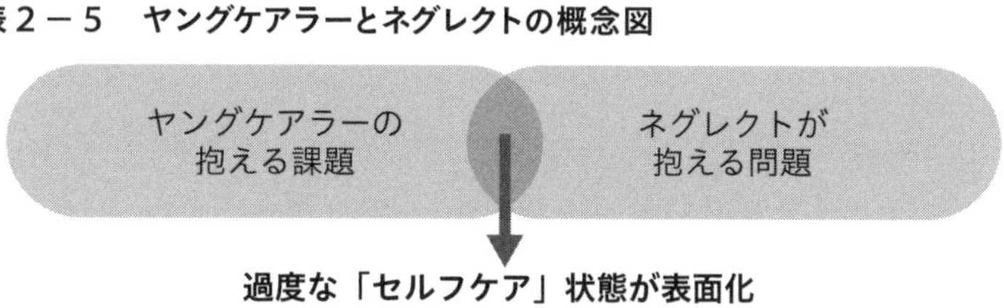

ヤングケアラーの
抱える課題

ネグレクトが
抱える問題

過度な「セルフケア」状態が表面化

出典：筆者作成

しかし、結果として一部「ネグレクト」と重なる側面も考えられる（図表2-5）。たしかに、保護者もしくは養育者は、これら育児放棄（ネグレクト）を故意に行っているため、児童虐待と位置づけられる「ヤングケアラー」とは異なる。しかし、結果として「ヤングケアラー」の児童生徒らは、家族等の世話に時間が取られ、自ら養育されるもしくは世話を受ける機会が阻害されてしまい、「育児放棄」に近い状態となってしまうケースもある。そして、本来であれば、子どもらが世話を受けるべき「権利」、たとえば、自分のために誰かが食事を作ってくれることが少ないといった状況が生じる。

その意味では、育児放棄によって養育されるべき環境が整っていない側面と、ヤングケアラーによって健全な子どもらの生活環境にマイナスとなっている現象は重なる部分が存在することになる。そして、これら共通して表面化しているのが「過度なセルフケア」の状態化と考えられる。

(2) セルフケアの視点

筆者は、児童生徒を「ヤングケアラー」との疑いを判断する1つの尺度として、「セルフケア」の度合いに注目したい。実際、学校現場で「ヤングケアラー」におけるアセスメントシートなどが試みられている。

たとえば、「多機関・多職種連携によるヤングケアラー支援マニュアル」（厚生労働省令和3年度子ども・子育て支援推進調査研究事業）の中では、いくつかのチェック項目が挙げられている。これら既存のアセスメントシート項目を参考にしながら、「セルフケア」の具体的な内容、頻度などを質問項目に盛り込むことで、かなり児童生徒の実態を把握できるのではないだろうか。

先の千葉県調査においては、「自分が食べるためのごはんをつく

ること」「自分が着た服を洗濯すること」といった質問項目を設定しているが、アセスメントシートでさらに実態を把握しやすくするため、質問項目を増やすことも考えていくべきである。

　実際、小学6年生、中学2年生に世話をしている状況や被介護者への対応を直に聞いても、必ずしも的確に回答しているとは限らない。むしろ、「セルフケア」の度合いや頻度を聞くことで、「ヤングケアラー」といった児童生徒らを顕在化させていると考えられる。また、児童虐待である「ネグレクト」のケースの発見にもつながるかもしれない。

3. 誰に相談しているのか?

(1) 相談している割合

　千葉県の調査結果において「お世話をしている」児童生徒のうち、誰かに相談した経験が「ある」と回答したのは1割未満であった（図表2－6）。

　そして、相談経験のある「中学2年生」「高校2年生」の相談相

図表2－6　お世話している児童・生徒における相談経験の有無

(％)

	小学6年生 (n=646)	中学2年生 (n=533)	高校2年生 (n=319)
ある	**8.2**	**6.8**	**9.1**
ない	54.8	47.7	47.6
無回答	37.0	45.6	43.3

出典：千葉県・一般財団法人地方自治研究機構「ヤングケアラーの実態調査とその支援に関する調査研究」
（2023年3月）75頁をもとに作成

手としては、「家族（父、母、祖父、祖母、きょうだい）」の割合が最も高く、次いで「友だち」であった[3]。

　なお、相談した経験がないとした理由では、「誰かに相談するほどの悩みではない」との割合が最も高かった。ただし、「相談しても状況が変わるとは思わない」「家族外の人に相談するような悩みではない」との回答も若干あった[4]。

（2）「相談する気」になってくれるか？

　この調査結果から興味深い点は、「ヤングケアラー」に該当する児童生徒が存在したとしても、自身が誰かに「相談する気」になってくれるか否かがポイントである。特に、「相談しても状況が変わるとは思わない」と感じている児童生徒がいるとして、彼（女）らが「誰かに相談してもいい」「話してもいい」という気持ちになれる環境を社会で構築していかなければならない。

　あらゆる福祉現場で支援を必要としているクライエントが、自ら誰かに相談するという気持ちになることを、一部「エンパワメント」と深く関連すると理解されている。しかし、ヤングケアラーにおいては、支援を必要としているクライエントは18歳未満であり、「児童福祉法」の対象となる。その意味では、19歳以上の成人である「ケアラー」とは支援の方法が異なる。

（3）かなりの介入が求められる

　その意味では、福祉もしくは教育現場においては、児童福祉法の

3　千葉県・一般財団法人地方自治研究機構「ヤングケアラーの実態調査とその支援に関する調査研究」（2023年3月）76頁
4　千葉県・一般財団法人地方自治研究機構「ヤングケアラーの実態調査とその支援に関する調査研究」（2023年3月）78頁

対象となれば「介入」度合いが強くなる。教員、スクールソーシャルワーカー（SSWer）、福祉相談機関による専門職らは、当初、児童生徒が相談支援の意向が前向きでなくとも、アウトリーチを強めていくことで対象者へかかわっていく。

　このような潜在化したニーズを顕在化させていく支援が、ヤングケアラーでは重要と考えられる。しかも、児童生徒らが「ヤングケアラー」と自身が気づいていない場合もあるため、ヤングケアラーという「概念」を全児童生徒に啓発させ、そのうえで該当するクライエントが相談にまでたどり着く環境を目指すべきである。

4. 家族問題に介入できるのか？

（1）保護者理解が難しい

　横山恵子・蔭山正子『精神障がいのある親に育てられた子どもの語り〜困難の理解とリカバリーへの支援』（明石書店、2017年）の中で、「『子どもが子どもでいることをあきらめる』というのはどういうことなのでしょうか。周囲に甘えることのできる、信頼できる大人は誰もいないということであり、子どもは良い子の仮面を身に着け、自分の心を閉ざすことしかできませんでした。」[5]と述べられている。

　自分の親が精神疾患である場合、児童生徒は誰かに自分の悩みや相談をすることに消極的になる。場合によっては家族から「家の事

5　横山恵子・蔭山正子『精神障がいのある親に育てられた子どもの語り〜困難の理解とリカバリーへの支援』（明石書店、2017年）108頁

情を周囲に話さないように」と言われていることも多い。これらの
ケースの中には、病気などが原因で母子家庭もしく父子家庭となっ
てしまい、ひとり親家庭といった児童生徒も存在する。親が病気で
あるため、家事や身の回りのことは当然、児童生徒が背負わなけれ
ばならない。まして、幼い兄弟姉妹がいれば、その面倒も一部みて
いかなければならない。「子どもたちのほとんどは、自分から声を
あげることはしません。」[6]と述べられるように、周りの大人が支援
していくしかない。

（2）ハードルとなる保護者

ヤングケアラー支援においては、家庭にどこまで介入できるかが
大きな課題となっている。支援が必要であったとしても、保護者な
どがその介入を拒むこともある。児童虐待であれば、ある程度の介
入を強くしていくことも可能である。しかし、児童生徒の家事やお
世話の程度が過度となり学校生活に支障をきたしている程度であっ
ても、保護者が問題視しなければ介入が難しくなる。

「家族が困っているのだから助け合うことは、当然ではないか」
「家のことは自分たちで考える」などといった価値観をもつ保護者
に対しては、教員や福祉専門職が支援していくうえで保護者による
ハードルが課題となる。ケースによっては、児童生徒と併せて保護
者へのアプローチが必要となる。児童生徒への的確な支援と、保護
者の意向が異なる場合などは対応に苦慮する典型事例である。

そして、「一方、取材班が改めて注目したのは、自分を支援して
もらう必要はない、と考えている中高生の多さだった」[7]と、毎日

6　横山恵子・蔭山正子『精神障がいのある親に育てられた子どもの語り～困難の
　理解とリカバリーへの支援』（明石書店、2017年）206頁

新聞取材班のヤングケアラーに対する見解が述べられているとおり、問題がより顕在化しにくくなっている。

（3）ヤングケアラーと判断せずに支援を！

そこで、必ずしも「ヤングケアラー」と児童生徒が認識せずとも、周りの大人たちが問題を抱えていることを察知して、「さりげなく支援」していくことも重要である。どうしてもヤングケアラーとして認識する（させる）ために、アセスメントシート手法を用いて考えがちだが、児童生徒が認識したがらず保護者自身も理解しないケースは、このような支援が考えられる。

実際、元ヤングケアラーであったと体験談を述べる人たちの中には、幼い頃から家事や世話をしているため、その状況が当たり前で児童生徒が自らヤングケアラーと認識しづらいという。一方、「私は自分から援助を求めることができませんでした。その理由は、①母の病気を知らず、知ってからも病気の理解をしていないため、ケアをケアと認識できていなかったこと、②何がしんどいのかわからなかったから相談できなかったこと」[8]といった体験談が述べられている。また、ヤングケアラーと認めたくない児童生徒もいる。

そのため、学校生活で「出席」「欠席」「忘れ物が多い」など問題の兆しがある児童生徒がいたならば、大人たちが「ヤングケアラー」の疑いのみで、必ずしも対象者が認識せず（させず）とも支援をしていく姿勢を学校や福祉関係者らが持たなければならない。

7　毎日新聞取材班『ヤングケアラー　介護する子どもたち』（毎日新聞出版、2021年）231頁
8　斎藤真緒・濱島淑恵・松本理沙、公益財団法人京都市ユースサービス協会編著『子ども・若者ケアラーの声からはじまる』（クリエイツかもがわ、2022年）204頁

5. 具体的な想定される支援

（1）相談窓口の整備

　千葉県では、調査結果に基づき、ヤングケアラー支援に向けた具体的な施策として、「早期発見・把握から支援」の施策が具体化されている[9]。特に、ヤングケアラーにかかわる相談を総合的に受け付ける相談窓口（ワンストップ窓口）の整備がなされた。

　福祉・教育現場では、明確なヤングケアラー問題を専門に担当する公的部署は稀である。つまり、児童、高齢、障害、生活困窮といった相談支援センターが、教育現場から相談を受けて対処している例が多い。その意味では、専門の窓口を公的部署として位置づける意義は大きいと考える。

（2）アセスメント表（チェックリスト）

　また、千葉県では「千葉県版早期発見・把握チェックリスト・対応フローチャート」の作成を試みることになった[10]。繰り返すが、厚生労働省より、「ヤングケアラー」を発見するためのアセスメントシートは公表されている[11]。しかし、各地域の関係者が作成することで、その地域の特性も踏まえたアセスメント表が完成する意義は大きいと考える。しかも、地域の関係者が話し合いを重ねること

9　千葉県・一般財団法人地方自治研究機構「ヤングケアラーの実態調査とその支援に関する調査研究」（2023年3月）184〜185頁
10　千葉県・一般財団法人地方自治研究機構「ヤングケアラーの実態調査とその支援に関する調査研究」（2023年3月）183頁
11　有限責任監査法人トーマツ「多機関・多職種連携によるヤングケアラー支援マニュアル」（2022年3月）

で、オリジナルのアセスメント表の作成プロセスを踏むことで地域
関係者の認識が深まる効果が期待できる。

　また、これらにかかわった専門家が啓発活動のリーダー的存在と
なり、地域で「ヤングケアラー」の精通した専門家を増やすことが
可能となる。啓発活動には、専門家（講師）が増えていかなければ
その達成は難しいため、地域独自のアセスメント表の作成は重要な
視点である。

（3）集いの場の設置

　ヤングケアラーが集う場の設定など、ピアサポートの実現も重要
である。ヤングケアラー同士が抱えている問題を共有し合い、不安
や悩みを相談できる場を設けていくことで大きな効果が期待できる。
しかも、オンラインによる集いの場を実施する試みも全国でみられ
るため、対面に限らなければ多くの対象者を支援することになる。
実際、児童生徒の中には対面では躊躇する者も少なくないと考えら
れ、第一歩としてリモートなどのオンライン手法によって参加を促
す効果は期待できる。

　このようなヤングケアラー同士をつないでいく組織もしくは機関
を、事業として公費負担で保障していくことが重要である。ピアサ
ポートのような実践の多くは、多少の補助金は給付されるが、ほぼ
主催者による厚意によって事業展開されるケースが多い。実際、地
域の要介護者もしくは認知症の会、家族会などの事業展開はイン
フォーマルサービスと認識している者も少なくない。

　しかし、公費でしっかりと財源措置がなされて集いの場が設けら
れることで、資金面での保障によって活動自体が安定化する。その
意味では、「公共性」という位置づけで各種のサービスが展開され
るべきである。このような「当事者の集い」「家族会」などは、イ

ンフォーマルな位置づけで実施されることが福祉現場では多い。た
しかに、インフォーマルな要素も重要ではあるが、継続的な活動を
支えるためには「公共性」は重要である。

(4) 直接的な支援

一部の自治体では、ヤングケアラーがいる世帯が利用可能な家
事・介護等にかかわるサービスを提供することが施策として位置づ
けられている。このようなヘルパーサービスの派遣は重要である。
しかし、障害者総合支援法、介護保険法に基づく訪問介護（ヘル
パー）サービスにおいては、多くの地域では介護人材不足によって
十分なサービスが提供できない。

たしかに、それら派遣サービスが制度化され市町村単位で実施さ
れても、介護人材不足という課題が考えられる。その意味では、ヤ
ングケアラー支援といったヘルパー等の派遣事業に関しては、実際
に支払われる賃金なども考慮していく必要がある。

(5) 保護者支援

ヤングケアラーの問題は、保護者支援をどう展開できるかも大き
な論点の1つであろう。児童生徒自身の問題も重要ではあるが、既
述のとおり他者が介入するにも保護者のハードルが想定される。ま
た、保護者を支援していくことでヤングケアラーを生じさせないと
いった予防的効果も期待できる。

たとえば、障害児を抱えたシングルマザーに対して、子育て支援
が十分に展開さえしていれば、「幼いきょうだい」支援に割く時間
を必要としない児童生徒が増える。認知症の祖父母の介護サービス
が十分になされていれば、孫世代である児童生徒の負担が軽減され
る可能性が考えられる。

　また、保護者自身、家庭の仕事といえども、将来の児童生徒の成
長を考えると、ヤングケアラーに該当してしまうとマイナスとなっ
てしまう面を認識してもらうことが重要である。「長女なんだから、
おにいちゃんなんだから」などと、中高生に頼ってしまう保護者意
識を念頭に置きながら、保護者アプローチを考えていかなければな
らない。

　一方、たとえば、日本語の苦手な外国人の母親が、日本語が堪能
な中高生を頼りにしてしまうことでヤングケアラーとしての問題が
生じてしまうケースもある。このようなケースでは、保護者支援
（日本語）が展開されなければ問題解決には至らない。その意味で
は、ヤングケアラー問題は、その裏側にある福祉的ニーズが解決さ

図表2－7　潜在化している福祉問題とヤングケアラー

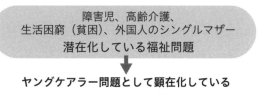

出典：筆者作成

れずにあることが社会で認識される必要がある。

（6）行政組織の縦割り体質

　都道府県および市町村における行政組織が縦割りであり、特に
「ヤングケアラー」問題となると、教育部局と福祉部局との連携が
課題となる。

　福祉部局内においても、児童福祉関連部署が中心となってヤング
ケアラー問題に対処している傾向だが、障害、高齢者、生活困窮と

いった部署と、ヤングケアラー問題について共通認識していくことも課題となる。まして教育部局との連携も重要となってくる。そのため、行政組織における縦割り行政の問題点を認識しながら対応していく必要がある。

（7）地域における対応

ヤングケアラー問題は、地域においては民生委員および児童委員、もしくは「子ども食堂」などを主催している活動組織が受け皿として機能している。このような地域関連の取り組みは重要な資源である。学校や行政主体によるサービス提供では、児童生徒に寄り添うかかわりに限界があるからだ。地域の支援組織であるからこそ児童生徒が集まり、「ヤングケアラー」としてのケースが顕在化することもある。

特に、居場所づくりなどをも含めて、ヤングケアラーにかかわらず何らかの問題を抱えた児童生徒が気兼ねなく集まれる「場」が設けられることで、ケースが顕在化し、支援のきっかけが築けることがある。その意味では、学校、福祉といったフォーマルな「場」での支援だけではなく、地域におけるインフォーマルな「場」での支援、受け入れ体制の視点も重要である。

6. 根拠法令の必要性

（1）根拠法令が不明確

現在、ヤングケアラー問題に対して、公共政策の視点で考えると施策の根拠法があいまいな側面は否めない。詳しくは第9章で述べ

るが、各地域で「ケアラー支援条例」が制定されており、これら法令に基づけば当該自治体としては施策が円滑に進み予算獲得がしやすくなる。しかし、ケアラー支援条例が制定されていない自治体においては、各部署の施策・取り組みに委ねられ「要綱」で対応しなければならない。

　ヤングケアラー問題が社会で注目されている現在であれば、自治体組織内で取り組まなければならない気運が存在し、それなりの部局を超えての連携協力はなされる。しかし、時間が経つにつれ、「ヤングケアラー問題」が社会からの注目度が薄くなり、役所の人事異動によって担当者も変わることで、それらの気運も低迷していくことが予測される。

　たとえば、「介護離職」「孤独死問題」などは、独自の根拠法令は存在しない。しかし、現在でも問題は存続し深刻化している。たしかに、関連施策の中に取り組みが部分的に盛り込まれてはいるが、固有の施策としての位置づけが希薄化していることは否めない。

　一方、「自殺対策基本法」「がん対策基本法」といったように、特化した根拠法が存在すれば政策・施策として普遍化され予算も継続される。その意味では、ヤングケアラー問題の解決・予防を継続して施策に反映させていくためには根拠法の制定が必要である。

（2）ケアラー支援法の制定

　具体的には「ケアラー支援法」を法律として制定し、ヤングケアラーを含め年齢に関係なく家族介護者を支援の対象として位置づけるべきである。既述のようにヤングケアラーの問題は、高校を卒業したとしても状況は変わらず、課題が継続している。実際、「このような障害を背景としたきょうだいヤングケアラーは、ヤングケアラーの年齢でなくなっても、ケアをする状況は続くことになりま

す」[12]とも述べられている。

　また、50歳代、60歳代、70歳代といった「家族介護者＝ケアラー」の問題も深刻化している。その典型が「介護離職」問題である。各自治体ではケアラー支援条例が制定される動きが見られるが、法律によって国レベルでの「ケアラー支援法」が制定されれば、おのずと予算規模も大きくなる。まして、全国的に「ケアラー支援策」が具現化されることになれば、地域格差問題も是正されるであろう。

　繰り返すが、ヤングケアラー問題が社会で注目されている機会に、世代を問わず「ケアラー」を支援の対象として法律で位置づける意味でも、「ケアラー支援法」の制定が早急に求められる。そうすれば、年齢に関係なく支援策が多様化していくであろう。

7. こども家庭庁における動向

（1）子育て支援における位置づけ

　2023年4月、「こども家庭庁」が発足した。これまで内閣府や厚生労働省に分散されていた子ども政策を同庁で一元化し、司令塔としての役割が期待されている。長官をトップに、長官官房、こども成育局、こども支援局の1官房2局体制となっている。

　施策は横断的対応になるものの、主にヤングケアラーを担当するのは「こども支援局」の虐待防止対策課である（図表2-8）。こ

12　仲田海人・木村諭志『ヤングでは終わらないヤングケアラー』（クリエイツかもがわ、2021年）7頁

図表 2 - 8　こども家庭庁「こども支援局」における所管事務

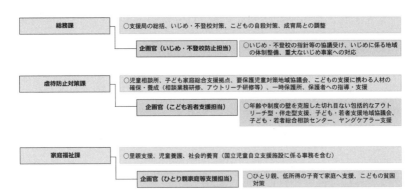

出典：内閣官房こども家庭庁等「（別紙）こども家庭庁組織図概要」

の「こども支援局」においては、不登校対策なども担当する部署である。ヤングケアラーの一部には、不登校となってしまう危険性も考えられることもあり、関連がある。

　いずれにしろ自治体担当者は、国による予算措置もあるため、2023年4月からの「こども家庭庁」における動向に、適宜、注目していく必要がある。

（2）今後の国と自治体における方向性

　国による予算措置など「こども家庭庁」の動向は重要ではあるが、やはりヤングケアラー対策の要となるのは市町村といった基礎的自治体である。

　教育機関と福祉・保健部署との連携には市町村の役割が大きい。もちろん、予算措置は国や都道府県との関連が重要ではあるが、実施機関としての公的機関としては、市町村のリーダーシップが求められる。

　住民の身近な「役所」は市町村であるため、横断的な縦割り行政

の課題を克服して多様な組織・機関による有効な活動・支援体制の構築が目指される。その意味では、市町村のヤングケアラーに対する取り組みを期待したい。

　しかし、筆者は、各市町村によってヤングケアラーに対する取り組み姿勢に差が生じていると考える。実際、先の千葉県の調査研究事業の関連で数か所の市町村を回り啓発活動を行ってきたが、その捉え方はさまざまであった。一定の対応策を講じることは各市町村も認識しているが、その進捗状況には格差が生じている。その意味では、各市町村の役割は重要である。

（3）子育て支援と介護保険

　いわば「ヤングケアラー問題」は、子育て支援策と介護保険施策とが重なる要素がうかがえる。2023年7月10日社会保障審議会介護保険部会における第9期介護保険事業（支援）計画の基本指針にて、「ヤングケアラーも含めた家庭における介護の負担軽減のための取組を進める重要性を追記」と問題提起されている。

　その意味では介護保険事業（支援）計画において、家族介護者支援という位置づけで子育て支援の要素が盛り込まれている。児童と高齢者（介護）施策が、「ヤングケアラー問題」を通して共通の政策課題となっている。今後、世代間を超えた福祉サービスの体制整備が求められる。

子どもの抱える課題に
いかに気づくか
—アクター別のかかわり方—

第Ⅱ部

第3章

教育現場における潜在的課題

— 子どもの抱える課題にいかに気づき、対応するか —

1. ヤングケアラーにかかわる教育現場の状況

（1）調査の実施

　ヤングケアラーという用語の認知度が急速に高まっている。用語の認知度の高まりは、ヤングケアラーに対して社会的支援が必要であるという認識の広がりをもたらすとともに、児童生徒が家庭に次いで長い時間を過ごす教育現場[1]に対して、その対応への期待を生み出すことにもつながっていく。文部科学省のホームページにおける「生徒指導等について」では生徒指導上の現状や施策などが紹介されているが、そこにも「ヤングケアラー」の項目が登場している[2]。

　この「ヤングケアラー」の項目を開くと、「ヤングケアラーに関する調査研究について」を見ることができる[3]。そこでは、厚生労働省における子ども・子育て支援推進調査研究事業の採択を受けて実施された調査結果が公開されている。2023年6月現在、公開されている調査研究結果は、①2021年3月に三菱UFJリサーチ＆コンサルティング株式会社から発表されている2020年度中に実施した調査結果である「ヤングケアラーの実態に関する調査研究報告書」（以下、MUFG調査）、②2022年3月に有限責任監査法人トー

1　本章において「教育現場」とは、小中高等学校という組織およびそれらの学校で勤務する教員のみならず、学校設置者や教育委員会も含めた児童生徒の教育実践に責任を負うものという意味で使用することとする。
2　文部科学省HP「生徒指導等について」
　https://www.mext.go.jp/a_menu/shotou/seitoshidou/index.htm
　（2023年6月14日最終アクセス）
3　文部科学省HP「ヤングケアラーに関する調査研究について」
　https://www.mext.go.jp/a_menu/shotou/seitoshidou/mext_01458.html
　（2023年6月14日最終アクセス）

マツから発表されている2021年度中に実施した調査結果である
「多機関連携によるヤングケアラーへの支援の在り方に関する調査
研究報告書」（以下、トーマツ調査）、③2022年３月に株式会社日
本総合研究所から発表されている2021年度中に実施した調査結果
である「ヤングケアラーの実態に関する調査研究報告書」（以下、
日本総研調査）、の３つである。

　それぞれの調査において、教育現場の調査対象者に着目すると、
それぞれ異なっている。MUFG調査は、中学校と高等学校および
中高生を対象に、トーマツ調査は、全国の教育委員会および抽出し
た300校の中学校関係者（学校に所属する職員であれば誰でも回答
可能として実施）を対象に、日本総研調査は、小学校および小学生
を対象に調査を行っている[4]。本節では、これら３つの調査結果か
ら、教育現場が回答している部分について整理を行い、以下、２つ
の観点から教育現場におけるヤングケアラーにかかわる現状につい
て概観する。

（2）教育現場の認識

　まず、ヤングケアラーの概念についての教育現場の認識について
見ていくこととする。

　MUFG調査によれば、中学校では、「言葉を知っており、学校と
して意識して対応している」が20.2％、「言葉は知っているが、学
校としては特別な対応をしていない」が37.9％、「言葉は聞いたこ
とがあるが、具体的には知らない」が15.1％、「言葉を知らない」
が25.7％である。全日制高校では、「言葉を知っており、学校とし

4　調査対象者の抽出方法や回答数、回答属性等については、各調査報告書を参照
　されたい。

て意識して対応している」が9.6％、「言葉は知っているが、学校としては特別な対応をしていない」が53.0％、「言葉は聞いたことがあるが、具体的には知らない」が15.7％、「言葉を知らない」が21.3％である。

　トーマツ調査では、中学校の学校関係者の回答では、「言葉を知っており、業務を通して意識して対応している」が41.0％、「言葉は知っているが、業務を通して特別な対応をしていない」が37.3％、「言葉は聞いたことがあるが、具体的には知らない」が10.9％、「言葉を知らない」が10.7％であった。なお、教育委員会の回答においては、「『ヤングケアラー』という概念を認識しているか」という問いに対し、「昨年[5]までは認識していなかったが、認識するようになった」が99.0％を占めている。

　日本総研調査では、小学校では、「言葉を知っており、学校として意識して対応している」が41.4％、「言葉は知っているが、学校としては特別な対応をしていない」が51.0％、「言葉は聞いたことがあるが、具体的には知らない」が6.1％、「言葉を知らない」が0.4％という結果になっている。

　これらの調査結果からまずヤングケアラーという言葉の認識について整理すると（図表3−1）、2020年度中に実施したMUFG調査においては、ヤングケアラーという「言葉を知らない」とする回答が、中学校で25.7％、高等学校で21.3％となっていた。しかし、2021年度中に実施したトーマツ調査および日本総研調査の結果を見ると、中学校関係者の回答では10.7％、小学校の回答では0.4％になっており、この1年程度に、「ヤングケアラー」という用語が

5　2021（令和3）年度に実施した調査であるため、ここでいう「昨年」とは2020（令和2）年を指す。

図表 3 − 1　ヤングケアラーの認識

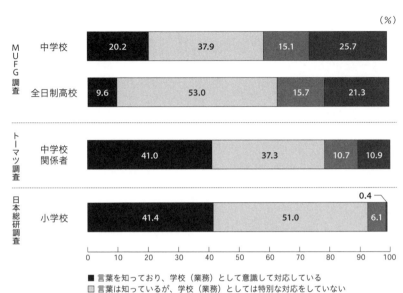

（%）

M U F G 調査	中学校	20.2 / 37.9 / 15.1 / 25.7
	全日制高校	9.6 / 53.0 / 15.7 / 21.3
トーマツ調査	中学校関係者	41.0 / 37.3 / 10.7 / 10.9
日本総研調査	小学校	41.4 / 51.0 / 6.1 / 0.4

■ 言葉を知っており、学校（業務）として意識して対応している
□ 言葉は知っているが、学校（業務）としては特別な対応をしていない
■ 言葉は聞いたことがあるが、具体的には知らない
■ 言葉を知らない

出典：上記①〜③の調査をもとに作成

　教育現場に急速に浸透していることがわかる。とはいえ、いまだ、ヤングケアラーの言葉を知らないという回答が一定数存在していることを鑑みると、教育現場において、ヤングケアラーと考えるべき事例についての情報共有を図る機会を創出することが必要といえよう。

　また、教育現場としてヤングケアラーに対する組織的対応を行っているかについて見ていくと、MUFG調査の結果からは、ヤングケアラーという「言葉を知っており、学校として意識して対応している」中学校は20.2％、高等学校は9.6％であることがわかる。ヤングケアラーの対応については、義務教育段階の中学校のほうが、高等学校より意識的に行われているということができる。そして、

トーマツ調査および日本総研調査の結果を見ると、ヤングケアラーという「言葉を知っており、学校として意識して対応している」についての中学校関係者の回答が41.0％、小学校の回答も41.4％となっており、わずか1年程度の間で約4割にまで増加している。とはいえ、この結果は、ヤングケアラーに対して、特別な対応をしていない教育現場が約5割存在すると示していることにもなることを見落としてはならない。

（3）実態把握の状況

次に、「ヤングケアラー」の概念について、「言葉を知っており、学校として意識して対応している」と回答した学校に対して行われている、子どもの実態把握の状況について概観する。

MUFG調査では、「把握している」と回答したのは、中学校で61.2％、全日制高校では45.8％であった。そして、「『ヤングケアラー』と思われる子どもはいるが、その実態は把握していない」と回答したのは、中学校で13.2％、全日制高校で37.5％であった。日本総研調査によれば、「把握している」と回答した小学校は44.4％、「『ヤングケアラー』と思われる子どもはいるが、その実態は把握していない」とする回答は13.9％であった。

さらに、「把握している」と回答した学校には、把握方法についても調査がなされている。MUFG調査の結果によれば、「特定のツールはないが、できるだけ『ヤングケアラー』の視点を持って検討・対応している」と回答した中学校は86.0％、全日制高校は81.8％、「アセスメントシートやチェックリストなどのツールを用いている」と回答した中学校は7.5％、全日制高校は9.1％であった。日本総研調査の結果によれば、「特定のツールはないが、できるだけ『ヤングケアラー』の視点を持って検討・対応している」と回答

した小学校は89.6％、「アセスメントシートやチェックリストなどのツールを用いている」と回答した小学校は6.3％となっている。

　また、トーマツ調査では、「直近の1年間でヤングケアラーと思われる子どもの有無」について調査しており、教育委員会の回答を見ると、「いた」が46.9％、「いなかった」が37.8％、「分からない」が15.3％となっている。中学校関係者の回答は、「いた」が45.8％、「いなかった」が35.7％、「分からない」が18.6％であった。

　ヤングケアラーの可能性があると教育現場が認める児童生徒であっても、その実態まで把握できていないという回答が小学校・中学校では共に13％程度となっており、全日制高校は4割弱という結果となっている。この結果から、教育現場が、ヤングケアラーと思われる児童生徒の実態を把握することがいかに困難であるかを理解することができる。

　そして、児童生徒の実態を把握していると回答した学校においてさえ、把握をするにあたり適当なツールの存在があるわけではなく、意識的にヤングケアラーに要する視点を持って対応している教育現場が8割から9割を占めているという状況にあった。まさに、教育現場にとって、ヤングケアラーという新たな課題への対応については、手探りの状態で乗り出したところであり、教育現場の主観に基づく判断での対応を余儀なくしている状況にあるということがわかる。

　また、2021年度中に実施したトーマツ調査により、直近の1年間において、約半数の教育委員会がヤングケアラーと思われる子どもの存在を把握していたことが示されている。中学校関係者の回答結果からも約半数の回答がヤングケアラーと思われる子どもの存在を把握していた。したがって、ヤングケアラーへの対応について教育現場が目を向けなければならないという認識については、間違いない状況にあるといえよう。

2. 自治体による教育現場への啓発

　先に指摘したとおり、教育現場においては、ヤングケアラーという言葉は認知されつつあるものの、その対応についてはいまだ手探りの状況にあるといえる。そこで、本節では、自治体における教育現場に向けたヤングケアラーの取り組みについて、埼玉県、東京都、北海道を取り上げて見ていくこととする。

　埼玉県は、「埼玉県ケアラー支援条例」を全国で初めて制定し（2020年3月31日施行）、早い時期からヤングケアラーの対応の在り方について検討がなされている。また、東京都は、「東京都こども基本条例」（2021年4月1日施行）に基づきヤングケアラーの対応施策を講じているほか、2022年度からは、ヤングケアラーやその家族が相談しやすい体制の整備を行うために、相談支援等を行う団体の取り組みを支援する「東京都ヤングケアラー相談支援等補助事業」を実施するなどの展開を見せている。北海道は、全国平均以上に少子高齢化および核家族化が進展しており、世帯の小規模化によって、1人の介護者にかかる負担の増大が見込まれることから、2021年7月に独自に実態調査を行い、その結果を踏まえた議論を通じて「北海道ケアラー支援条例」（2022年4月1日施行）が策定されている。

（1）埼玉県

　埼玉県は、2020年に埼玉県ケアラー支援条例を制定し、18歳未満のケアラーを「ヤングケアラー」と定義したうえで、対策を講じている。教育現場に着目すれば、まず、当事者である児童生徒や教職員に理解を促すための方策として、「ヤングケアラーってなに？」

と題するハンドブックを高校生編および中学生編（2021年11月発行）、小学生編（2022年1月発行）と発達段階に分けて校種別に作成している。

　たとえば、小学生編では、「ケア」の意味、「ヤングケアラーの日常」、「ケアによる学校生活への影響」、「相談相手の紹介」、「相談方法（伝えたいことカード）の紹介」、「相談窓口の紹介」が盛り込まれている。中学生編、高校生編には、生徒自身がヤングケアラーに該当するかもしれないことに気がつくことができるよう、当事者の声も含めてヤングケアラーの日常を紹介するなどの工夫を行い、発達段階に応じた内容で作成されている[6]。

　また、埼玉県教育委員会は、教職員および児童生徒、その保護者がヤングケアラーに対する理解を深めることができるようにするため、「ヤングケアラーサポートクラス」という出張授業を県内の小中高等学校等で2022年度から実施している。児童生徒、教職員に向けては、元ヤングケアラーによる体験談や大学教員による講演等が計画されている。学校における相談支援の充実に向けては、福祉および教育行政担当者と教職員が参加する研修も実施されている[7]。

　さらに、埼玉県教育委員会では、ヤングケアラー支援のために教職員に対する意識啓発に向けた研修が実施されている。研修は、教育現場がヤングケアラー支援にあたり果たすべき役割や具体的な支援のあり方を理解したり、校内における情報共有体制の整備について理解したりすること等を目的としたものである。研修で確認され

6　埼玉県教育委員会「ヤングケアラーハンドブック「ヤングケアラーってなに？」」https://www.pref.saitama.lg.jp/a0609/chiikihoukatukea/youngcarer-handbook.html（2023年6月14日最終アクセス）
7　埼玉県教育委員会「令和4年度ヤングケアラーサポートクラスの実施について」https://www.pref.saitama.lg.jp/f2218/youngcarer/r4supportclass.html（2023年6月14日最終アクセス）

る教育現場におけるヤングケアラー支援の方法としては、①生徒指導委員会等の校内組織における情報の共有、②アセスメントの実施、③児童生徒が行っているケアの状況把握を目的とした本人との相談支援、④支援の必要性の判断および支援機関への連絡、といった点が挙げられている[8]。

　埼玉県における取り組みにおいて注目すべきは、当事者となりうる児童生徒に向けたハンドブックを作成し、子ども自身から教職員をはじめとする周りの大人に対して、声をあげることができるように促している点である。また、教職員に対するヤングケアラーの基本的理解を図るための研修に加えて、福祉や教育行政担当者と一緒に受講する研修を実施し、教育現場が連携をとる具体的相手と顔の見える関係で意見交換等を行う機会が日頃から創出されていることであろう。

（2）東京都

　東京都教育庁は、ヤングケアラーについて教職員向けのリーフレットを公開している[9]。そこでは、学校の中に、サポートを必要としているヤングケアラーがいるかもしれないとしたうえで、「支援を必要とする子供を福祉等の関係機関に確実につなぐために、学校がすべきことは何か」という点について共通理解を図ることの重要性が冒頭において指摘されている。

8　埼玉県教育局市町村支援部人権教育課「教育委員会におけるヤングケアラー支援施策」
　　https://www.mhlw.go.jp/content/11907000/000767894.pdf
　　（2023年6月14日最終アクセス）
9　東京都教育庁「キーワード『見付けてつなぐ』ヤングケアラーを支援するために」（2022年6月）
　　https://www.kyoiku.metro.tokyo.lg.jp/school/content/files/leaflet_youngcarer/digital_leaflet.pdf
　　（2023年6月14日最終アクセス）

　そして、学校の役割について、①「知る」、②「見付ける」、③「つなぐ」、④「支える」、の 4 点で整理している。

　①「知る」とは、ヤングケアラーの概念や学校の役割を理解することである。ヤングケアラーの支援を担うためには、その意味を正しく理解しておくことが必要であることから、概念整理が行われている。

　②「見付ける」とは、日常的な対話や丁寧な観察を行い、子どもの生活リズムの乱れ、服装、忘れ物の状態等の変化を把握することとしている。把握した内容については、関係者間で情報の共有を行うことも示されている。また、見つけるための視点となるチェックポイントも挙げられている[10]。教育現場がヤングケアラーの疑いがある児童生徒を見つけるためには、日頃の児童生徒の観察が重要となることはいうまでもないが、チェックポイントが例示されていることにより、該当するものがあるか否かを確認することで教育現場がヤングケアラーに気がつくきっかけを得ることを可能にするであろう。このチェックポイントは、学校・保育所等で気がつくきっかけとなる内容として第 1 章でも取り上げたが、あらためて再掲する。

　◇ 本人の健康上に問題がなさそうだが欠席が多い、不登校である

　◇ 遅刻や早退が多い

　◇ 保健室で過ごしていることが多い

　◇ 提出物が遅れがちになってきた

　◇ 持ち物がそろわなくなってきた

　◇ しっかりしすぎている

　◇ 優等生でいつも頑張っている

10　有限責任監査法人トーマツ「多機関・多職種連携によるヤングケアラー支援マニュアル」（2022 年 3 月）に基づき作成されている。

◇ 子ども同士よりも大人と話が合う

◇ 周囲の人に気を遣いすぎる

◇ 服装が乱れている

◇ 児童・生徒から相談がある

◇ 家庭訪問時や生活ノート等にケアをしていることが書かれている

◇ 保護者が授業参観や保護者面談に来ない

◇ 幼いきょうだいの送迎をしていることがある

出典：有限責任監査法人トーマツ「多機関・多職種連携によるヤングケアラー支援マニュアル」
（2022年3月）をもとに作成

　欠席、遅刻、早退が多い、服装の乱れ、提出物の遅れというように、いわゆる生活習慣や学習習慣に課題が見受けられるといったことのみならず、「しっかりしすぎている」ことや、「優等生でいつも頑張っている」といった態度についてもヤングケアラーの疑いを持つきっかけとするという視点については、教育現場は留意する必要があるといえよう。

　③「つなぐ」とは、関係機関へ子どもの情報をつなぐことを意味している。ここは、教職員が対応することとしておらず、スクールソーシャルワーカー（SSWer）が担い手となることが明示されている。具体的には、状況を把握するため家庭訪問等を行う、児童生徒本人や家族の意思を確認する、利用可能な制度やサービスの紹介、関係機関との連携が挙げられている。

　④「支える」とは、児童生徒の自己実現に向けて支援することとする。児童生徒を見守り（状況の変化に気づく）、必要に応じて児童生徒の心身のケア、学習支援、児童生徒を支援するための関係機関との情報共有を行うことが示されている。

（3）北海道

　北海道教育委員会および北海道保健福祉部は、2022年7月に、「学校・教育委員会におけるヤングケアラー支援のためのガイドライン〜多機関連携による支援の充実に向けて〜」を発表している[11]。内容は、①ヤングケアラーの定義等の概説、②ヤングケアラーの支援を連携して行ううえでのポイント等になっている。

　特に、②のヤングケアラーの支援に関して特筆すべきは、第1に「相談窓口を明確にする取組例」が示されていることである。そこでは、学校が担うべき例として、保護者に対しては、保護者面談等の機会に相談窓口の役割を担うこと、児童生徒に対しては、担任や養護教諭をはじめとする教員らがいつでも相談に乗ることを伝えておくことや、気になる児童生徒に対してさりげなく教員が様子を聞くようにすることが示されている。

　第2に、学校が情報を把握した後に、適切な機関につなぐ調整を担ってくれるヤングケアラーコーディネーター連絡先が紹介されていることである。各学校にSSWerの配置がなされていない状況にあることを踏まえた措置といえ、「関係機関との連携」について、具体性をもった対応を可能とするコーディネーターの存在は教育現場にとっては大きな支えになるのではないかと考える。なお、参考資料として、「ヤングケアラーへの早期対応に関する研究報告書」（MUFG、2020年3月）に基づくアセスメントシートが紹介されており、教育現場には、児童生徒のどのような様子からヤングケアラーに気がつくことが可能となるのかについての例示が行われている。

11　このガイドラインは前掲註10に基づき作成されている。

3. 教育現場における潜在的課題

（1） 課題が残る背景

　家族の世話をする子どもは、今も昔も存在する。そして、現在においても子どもが家族の世話をする役割を担うことは、決して否定されることではないはずである。ただ、担う役割の負担が子どもにとって行き過ぎている場合、それを放置すべきでないことはいうまでもない。

　先にも指摘したとおり、こうした課題に直面している当事者が児童生徒であるがゆえに、ヤングケアラー問題については、教育現場の対応にも期待が寄せられているのである。だが、ヤングケアラー問題は、本質的には児童福祉の領域に位置する課題であり、教育課題ではないというべきである。したがって、教育現場が対応可能な範囲はきわめて限定的なものにとどまらざるを得ないことを見落としてはならない。現在、教育現場において、ヤングケアラーの概念整理や教育現場が担うべき対応の範囲や方法について十分な議論が行われているとはいえない。それゆえ、ヤングケアラー問題について、教育現場にも果たすべき役割があるかと問われれば、教育現場は「ある」と答えるようになってきているものの、ヤングケアラーそのものの理解や果たすべき役割の具体的内容については、いまだ整理が追いついていないような状況にあるといえるのではないだろうか。こうした状況のなか、ヤングケアラー対応をめぐり、教育現場が抱える潜在的課題は、以下の３点を挙げることができる。

（2）第1の課題：概念整理

　第1に、ヤングケアラーの概念整理が十分に行われているわけではないという点である。日本総研調査の結果を見ると、ヤングケアラーについて小学校が回答した自由記述の中には、「小学校の場合、下の子どもの面倒を見ているという事例が多いと思います。親は「手伝い」と捉えていて、理解が得られません。」、「本校の校区はきょうだいが多く、4〜5人きょうだいの子どもたちがとてもたくさん在籍しています。上の子が下の子をみるのは、あたりまえ、風呂そうじやトイレそうじは、子どもの仕事としている家庭も少なくありません。その中で、ヤングケアラーを、どう見抜いていくのかは、慎重になってしまいがちです。難しいです。」といった回答が見られる。ヤングケアラーは、単に、「家族の面倒を見ることがある子ども」や「家事労働の一部を担う子ども」ではない。しかし、教育現場の認識には、この点の整理が十分に行われているわけではないことがわかる。

（3）第2の課題：実態把握

　第2に、ヤングケアラーの実態を把握することには限界があることを十分に認識できていない教育現場があるという点である。日本総研調査において、ヤングケアラーの把握や支援にあたって難しいと小学校が感じている点として、「家庭内の様子が分かりにくい」、「家庭内に介入しづらい」とする回答が挙げられている。ヤングケアラーと思われる児童生徒の支援を行うにあたり、家庭内において児童生徒が置かれている状況を適宜確認することは不可欠である。教育現場が見誤ってはならないことは、教育現場はヤングケアラー問題を解決することはできないという点である。教育者であるがゆ

えに、児童生徒が抱えている困難さを何としても解決したいと考え、必要以上に家庭に介入しようとすれば、時として保護者から、教育現場の対応として妥当ではないという批判に晒されるとも限らない。ヤングケアラーへの対応をめぐり、保護者と教育現場が衝突する可能性がありうるという点を忘れてはならないといえよう。

（4）第3の課題：関係機関への接続

　第3に、ヤングケアラーと思われる児童生徒を関係機関等に適切につなぐことができていないケースが見受けられるという点である。日本総研調査によれば、ヤングケアラーと思われる子どもについて、学校以外の外部の支援につながらなかった理由として、「確証がないため」や、「対応の仕方が分からないため」といった回答が挙げられていた。この点、ヤングケアラー問題は家庭において発生しうるものであるため、教育現場が確証を得ることは非常に難しいといえる。ヤングケアラーの対応については、児童虐待問題と同様のことが指摘可能であり、教育現場が確証を得ることは非常に困難であることを前提とし、「疑わしきはつなげる」という視点を持っておくことが重要となる。

　先に見た埼玉県、東京都、北海道の取り組みからも教育現場が担うべき対応について考えられている点を整理すると、「早期発見」と「可能な範囲での状況確認」ということになる。これに加えて、「支援の必要性の判断」も求められているが、この点については、第1の潜在的課題で述べたようにヤングケアラーに関する認識に見られる課題もあることから、教育現場が判断するのは困難な事案も出てくることが予想される。今後、支援の必要性があるとするヤングケアラーの判断基準について、専門機関による具体的な提示が教育現場に向けて行われるか、そうでなければ、「疑わしきは関係機

関へ連絡」という点を教育現場に強調し、支援の必要性の最終判断
は、連絡を受けた行政等関係機関が担うということで教育現場と行
政機関が共通理解を図っておくことがヤングケアラーを見落とさな
いために必要になるのではないだろうか。

　他方、ヤングケアラー問題の対応方法がわからないため、関係機
関へつなげることができていないという状況も調査から浮かび上
がっている。今後、ヤングケアラーという用語の社会的認知度が今
以上に進むことが予想されることから、教育現場においては、ヤン
グケアラーの疑いのある児童生徒を発見した際、具体的支援を施し
てもらうためにどこに情報を提供すればよいのかという点について
確認しておくことは最低限必要な対応ということができよう。

4. 教育現場の限界

　児童福祉領域に位置する児童虐待問題について見てみると、児童
虐待防止法上、教育現場には、早期発見努力義務（5条1項）およ
び児童および保護者に対する教育・啓発の努力義務（5条5項）が
課されている。そして、児童虐待を受けたと思われる児童を発見し
た者には通告義務が課されていることから（6条1項）、教育現場
が児童虐待に該当する被害を受けていると思われる児童生徒を発見
した場合は、通告義務を果たす必要が出てくることになる。

　つまり、児童虐待問題において教育現場に求められる役割は、問
題の「解決」ではない。ヤングケアラー問題については、ヤングケ
アラー対応に特化した法整備がいまだなされていない状況にあるこ
とから、本書がまさに挑戦しているように、実現可能な対応は何か
という視点による議論の整理が試みられている段階にある。実際、

教育現場がヤングケアラー問題を解決することは不可能であり、福祉の専門領域に位置する機関や福祉の専門家による家庭への関与がなければ、ヤングケアラー問題への具体的対応を図ることはできず、児童生徒の学習環境が本質的に改善されることは見込めないのである。その意味において、ヤングケアラー問題への対応をめぐり、教育現場が果たすべき役割としては、児童虐待問題への対応と同じ内容にとどまるものと考える。つまり、ヤングケアラーの疑いがある児童生徒を発見するよう努め、児童生徒の置かれている状況を可能な限り把握・整理することにあると理解すべきであろう。そして、その先の対応については、SSWerが配置されている教育現場であればSSWerに情報をつなぎ、配置されていない教育現場であれば、自治体が情報の共有先として提示している部署や関係機関につなぐことが重要であり、教育現場がそれ以上の対応をとることは妥当ではないと理解しておくことが求められよう。

第 4 章

ヤングケアラー支援における
スクールソーシャルワーカー
の役割

1. 子どもたちが抱え込まされている 潜在化した福祉的課題

　子どもたちは学校現場において、学業不振、不登校を含む長期欠席、校内外における暴力行為、SNS上を含むいじめなど、顕在化するさまざまなリスクに晒されている。このような状況は年々増加しており、特に小学校で顕著である（文部科学省2022a）。

　さらに、若者の自殺も近年危機的状況にある。厚生労働省・警察庁（2023）によれば、2022年の19歳以下の自殺者は798名で、そのうち学校問題（354件）や健康問題（222件）、さらには家庭問題（165件）がその多くを占めている[1]。これらのデータを分析した文部科学省によれば、このうち児童生徒は512人に上り過去最多を更新している（NHK2023）。このような自ら命を絶たざるを得ない状況に至らないまでも、子どもたちが多くの時間を過ごす学校現場や彼らを取り巻く家庭・社会は、必ずしも子どものwell-being（よりよく生きる／最善の利益）が保障されていない環境にあることが、改めて浮き彫りになっている。

　では、子どもたちはどのような福祉的課題を抱えているのだろうか。たとえば、子どもの貧困と呼ばれるような経済的困窮、面前DVを含む児童虐待や不適切な大人のかかわり（マルトリートメント）、発達障害をはじめとする各種障害や疾病、外国にルーツを持つ、さらには、性別違和／性別不合を抱えているといったことが指摘されて久しい。いずれも彼ら自身の努力だけでどうにかできるものではなく、またそれ自体が問題というよりも、社会の側の変革が求められることがほとんどである。そしてその中には、近年特に注

1　厚生労働省・警察庁「令和4年中における自殺の状況」（2023年3月14日）

目を浴びており、本書の主眼である「ヤングケアラー」も同様である。

　ヤングケアラーと呼ばれる子ども・若者の存在は、他の福祉的課題と同様に、今、突然に現れたものではない。多くの（元）ヤングケアラーたちが述べているように（澁谷編2020）、人知れず大切な家族のケアと向き合い、耐え忍んできた歴史に、社会がようやく光が当てるようになった、ともいえる。本章では、彼らの学習権保障に寄与することが近年期待されているスクールソーシャルワーカー（SSWer）が現在どのような立ち位置に存在しているのかを整理する。その実践の一端に触れながら、ヤングケアラーをはじめとする子ども一人ひとりの権利を保障する社会を「越境性」（倉石2014）をもって実現していくために、家庭や学校と共にソーシャルワークを展開するSSWerとはどのような役割を担っている／担っていく必要があるのかを考察していく。

2. スクールソーシャルワーカーとは

（1）スクールソーシャルワーカー活用事業の誕生

　2007年12月、文部科学省は「スクールソーシャルワーカー活用事業」（以下、活用事業）を2008年度の国庫予算に初めて組み込み、多くの関係者を驚かせた。当初の事業趣旨には、「児童生徒の問題行動等の状況や背景には、児童生徒の心の問題とともに、家庭、友人関係、地域、学校等の児童生徒が置かれている環境の問題が複雑に絡み合っている」という理解のもと、「児童生徒が置かれている様々な環境に着目して働き掛けることができる人材や、学校内ある

いは学校の枠を越えて、関係機関等との連携をより一層強化し、問題を抱える児童生徒の課題解決を図るためのコーディネーター的な存在」として「教育分野に関する知識に加えて、社会福祉等の専門的な知識や技術を有する」とされるSSWerという新たな人材を活用し、推進していくと言及されている（文部科学省2008）[2]。つまり、教育現場で顕在化している多様な問題等の背景に着目し、それらの解決には福祉的な観点が必要不可欠であり、そのような視点を持った人材に期待が寄せられたのである。

　しかし文部科学省（2022b）によれば、活用事業開始当初に登用された人材の多くが教員免許取得者（47.6％）であり、社会福祉士は心理に関する資格保持者と同率（19.4％）であり、精神保健福祉士（9.3％）に至ってはその姿をほとんど見ることができない（図表4－1）。

　実際にこれらの福祉資格は、世間一般にみても、同じ福祉専門職である介護福祉士や保育士のように明確な対象者を有するわけでもなく、弁護士や医師のように名称独占の資格ではないため業務が見えにくく、何を専門とする専門職なのかが見えにくい。その結果、社会福祉主事や児童指導員などの任用資格との違いが明確に示せないという課題がある。

　さらに、活用事業が開始された当時の児童福祉（子ども家庭福祉）の教科書を紐解けば、同じく子どもを対象としているにもかかわらず、学校教育や学校との連携に関してまったくといってよいほど言及されていない。

　これは教職課程でも同様で、それほど教育と福祉はベツモノで

2　文部科学省「スクールソーシャルワーカー活用事業」
　　https://www.mext.go.jp/b_menu/shingi/chousa/shotou/046/shiryo/
　　attach/1376332.htm（2023年7月15日最終アクセス）

図表4−1　スクールソーシャルワーカーの有する資格の推移

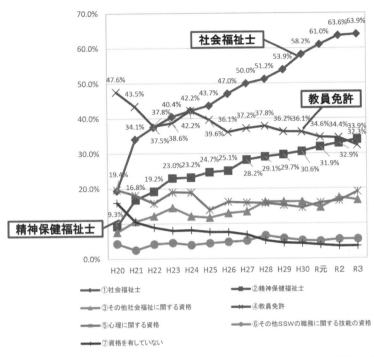

出典：文部科学省（2022b）「スクールソーシャルワーカー活用事業に関するQ&A」

あったといえる。

（2）活用事業の変遷と拡大

　しかしこの十数年の間に、子どもたちが抱え込まされている福祉的課題への対応を社会全体に求められるのに比例して、また各地のSSWerの実績が積み重ねられるとともに、社会福祉士や精神保健福祉士の資格保持者の登用が明らかに増加してきている。つまり、その有用性や機能、役割についての理解が少しずつ、しかし確実に拡大していると感じとることができる。このようなSSWerへの期

図表4－2　活用事業の予算額の推移とその内容および取り巻く社会的状況

年度	予算額	備　考
2008	15.4億円	活用事業開始（委託事業）
2009	142.6億円のうちの一部	新規に「学校・家庭・地域の連携協力推進事業」開始。活用事業はその一メニューに位置づき、補助事業へ
2010	130.9億円のうちの一部	学校・家庭・地域の連携協力推進事業の一メニュー
2011	94.5億円のうちの一部	学校・家庭・地域の連携協力推進事業の一メニュー
	復興予算内	東日本大震災発生に伴い、活用事業とは別に「緊急スクールカウンセラー等派遣事業」の一部に予算が計上される。（現在に至る）
2012	85.2億円のうちの一部	学校・家庭・地域の連携協力推進事業の一メニュー
2013	3.6億円	【いじめ防止対策推進法】公布・施行、【子どもの貧困対策の推進に関する法律】公布・翌年施行
2014	3.9億円	いじめ対策等総合推進事業の一環として位置づく
2015	6.5億円	「ニッポン一億総活躍プラン」および「ひとり親家庭・多子世帯等自立応援プロジェクト」のそれぞれの一施策として、SSWの5年後配置拡大が目標となる。
2016	9.5億円	【義務教育の段階における普通教育に相当する教育の機会の確保等に関する法律】公布・施行
2017	12.6億円	【学校教育施行規則】に職員として位置づく
2018	14.8億円	活用事業内に児童虐待対策を重点配置として位置づけ
2019	17.2億円	目標＜すべての中学校区【約1万人】配置＞未達成
2020	18.1億円	教育支援センターの機能強化等を新規位置づけ
2021	19.4億円	いじめや不登校対策、児童虐待対策のための重点配置校を増加
2022	21.3億円	ヤングケアラー支援のための配置に初言及。重点配置校を倍増
2023	29.4億円	こども基本法施行・こども家庭庁創設（予定）

出典：各年の文部科学省概算要求書を参考に筆者作成

待値は、予算要求額にも表れている（図表4－2）。

　たとえば、2011年に発生した東日本大震災やそれに伴う原発事故によって東北地方を中心とした全国各地へ避難された方々への生活支援の必要性、さらには、いじめ防止対策推進法（2013年公布・施行）や子どもの貧困対策の推進に関する法律（2013年公

布・2014年施行）、義務教育の段階における普通教育に相当する教育の機会の確保等に関する法律（2016年公布・2017年施行）、さらに、こども基本法（2022年公布・2023年施行）やこども家庭庁の創設（2023年4月）など、子ども・教育・福祉を取り巻く環境は大きな変換期を迎えている。

（3）　スクールソーシャルワーカーの職務と子どもの権利保障

　さらに2017年には、SSWerは、中央教育審議会答申「チームとしての学校の在り方と今後の改善方策について」（2015年12月）などを踏まえてスクールカウンセラーと共に学校教育法施行規則に位置づき、福祉に関する支援に従事する教職員の一メンバーとして、法的根拠をもつに至った。これに伴う文部科学省の通知文書にはSSWerの職務は「ソーシャルワークの価値・知識・技術を基盤とする福祉の専門性を有する者として、不登校、いじめや暴力行為等問題行動、子供の貧困、児童虐待等の課題を抱える児童生徒の修学支援、健全育成、自己実現を図るため、児童生徒のニーズを把握し、関係機関との連携を通じた支援を展開するとともに、保護者への支援、学校への働き掛け及び自治体の体制整備への働き掛けに従事すること」（波線筆者追記）と明記された。これにより、SSWerの職務は、単に目先の問題解決や事後対応ではなく、子どもたちの最善の利益を保障するという大目的のために、さまざまなソーシャルワーク機能を活かして、チーム学校の一員として実践するソーシャルワーク専門職として整備されたといえる（図表4−3）。

　これらの職務内容から読み取れることは、SSWerの配置は①子どもたちの修学支援、健全育成、自己実現を図ることが第一義的目的であり、②その目的を果たすために必要な予防的介入と早期対応

図表4－3　スクールソーシャルワーカーの具体的な職務内容

（不登校、いじめ等の未然防止、早期発見、支援・対応等） ・地方自治体アセスメントと教育委員会への働き掛け ・学校アセスメントと学校への働き掛け ・児童生徒及び保護者からの相談対応 ・地域アセスメントと関係機関・地域への働き掛け
（不登校、いじめ等を認知した場合又はその疑いが生じた場合、災害等が発生した際の援助） ・児童生徒及び保護者との面談及びアセスメント ・事案に対する学内連携・支援チーム体制の構築・支援 ・自治体における体制づくりへの働き掛け

出典：文部科学省（2017a）「学校教育法施行規則の一部を改正する省令の施行等について（通知）」より抜粋

が求められている。そしてそれを実現するための③個別支援はもちろんのこと、学校や地域、さらには自治体レベルのアセスメントや体制整備、働き掛けが求められている、ということだ。実際、厚生労働省と文部科学省が共同で実施してきた「ヤングケアラーの支援に向けた福祉・介護・医療・教育の連携プロジェクトチーム」の報告結果にも、「スクールソーシャルワーカー等を活用した教育相談体制の充実やNPO等と連携した学習支援の推進」が謳われ、その一端を読み取ることができる（報告書2021）[3]。この報告を受け、2022年度の活用事業には、「ヤングケアラー支援」の早期対応に向けた相談体制の充実を図ることを目的とした重点配置が認められるようになり、2023年度にはさらに拡充が見込まれる（文部科学省2023）。

　このように急速な拡大の背景に何があるのか。大きな要因の1つは、子どもの権利保障への関心が高まっていることにある。そして、

3　厚生労働省・文部科学省 ヤングケアラーの支援に向け得た福祉・介護・医療・教育の連携プロジェクトチーム（報告書2021）「ヤングケアラーの支援に向けた福祉・介護・医療・教育の連携プロジェクトチーム報告」

その権利を保障する担い手の1人として、SSWerが希求されている。子どもの権利は子どもの権利条約第3条（子どもの最善の利益）を基盤に、第12条（意見表明権）や第27条（生活水準の確保）、さらに第31条（休み、遊ぶ権利）や第36条（あらゆる搾取からの保護）など、子どもが子どもとして当たり前の生活を営む権利を大人と社会が保障していくことを求めている。特に「学校／教育現場」に軸足を持つSSWerは、第28条（教育を受ける権利）の保障に寄与する立場にある。このような権利を保障していくためには、子ども自身はもちろんのこと、彼らを取り巻く家庭・学校・地域を適切にアセスメント（見立て）し、ストレングス（強み）を活かしつつ、不足な部分や解決すべき課題があれば、さまざまな大人に働きかけ、オーダーメイドの支援チームを編成し、社会資源（ヒト・モノ・コト）を発掘・活用し、必要があれば開発する。そして、SSWerの存在意義はこれらを学校／教職員と共に展開することにあるといえる。

3. 家庭・学校・地域で支える 子どもの学習保障

（1）ケアとお手伝いの違いはなにか

　ところでヤングケアラー支援とは、何を支援することなのか。学習指導要領解説（文部科学省2017b）を紐解くと、子どもたちは家族に協力したり、世話をしたりすることの大切さや役割について学校教育の中で学習している。その学びを当たり前のものとして行動していたら、ある時突然「ヤングケアラー」と命名される。これまでは見向きもされていなかった自分の生活が問題視され、心配され

る存在となり、学びと現実のギャップに混乱する。もちろん、この学習内容に問題があるということではないが、どこまでが「お手伝い」として推奨され、どこからが「ヤングケアラー」として問題視されるのか、その度合いについては触れられていない。そのため、教える側も教えられる側も限度がわからず、いまだ根強い日本の家族主義や家庭訪問の簡略化なども伴って、学校から家庭の状況がますます見えにくくなってきている。

　上原（2022）が整理するように（図表4－4）、子どもの成長・発達段階に見合わぬケアの内容や責任を担っている子どもがいること、そしてそのケア行為によって子どもの現在と未来に大きな影響を与える可能性があることを、大人がまず知ることがヤングケアラー支援の第一歩である。そして、そのことを子どもやその家族に伝え、1人で抱えなくてもよい社会資源がたくさんあること、もしなければ一緒に創っていくこともできる道を提示し、また、そんな社会を築いていくことが、私たち大人に求められるヤングケアラー

図表4－4　ヤングケアラーのケアとお手伝い

	ヤングケアラーが行う家族等の世話や介護（ケア）	お手伝い
内容・量	●大人が担うと想定されているような家事や家族の世話 ●日常的	●その年齢（発達段階）に合った家事など ●相談しながら
責任	●中心となって行う ●重いケア責任や負担がある ●相談ができない	●見守る、見届ける大人の存在がある ●相談できる、アドバイスを受けられる
影響	●学校生活や友人関係、健康状態に影響が出てしまうことがある ●子どもとしてのバランスが取れない ●生活力や判断力が培えることもある	●行うことが難しい場合は、減らしたり断ったりすることも可能 ●子どもとして過ごす時間が確保できる ●発達段階に即した生活力が身につく

出典：上原(2022)をもとに筆者改変

支援に含まれるのではないだろうか。

　しかしここで強調したいことは、このような社会のダブルバインド（矛盾した拘束、二重拘束）の板挟みとなっている子どもたちが行っている、彼らの大切な家族の生活を支える行為そのものを否定すべきではない、ということである。なぜならそれは、彼らの想いや彼らの存在をも否定しかねないからである。特に、大人や社会は事情も知らずに「子どもがかわいそう」「保護者は何をやっているんだ」とミクロレベルに焦点が向きがちだが、個と環境の交互作用に着目すれば、メゾ・マクロレベルのシステムの改善がより重要であることは理解できるだろう。彼らが家族を大切に想う気持ちを共に大切にしつつ、子ども自身の生活や人生も同時に大切するために、大人や社会は何ができるのか。ヤングケアラーに注目が集まっている今こそ、改めて模索する時期に来ている。

（2）事例を通して考える

　では、前節のような職務を担っているSSWerは、ヤングケアラーと呼ばれる児童生徒に、どのような支援を展開していくことが可能だろうか。ここではいくつかの事例を通して考えてみたい。ここで示した事例はあくまでも架空ではあるが、SSWerが類似した事例に出合う機会は少なくない。地域や学校の状況によって対応等は異なるだろうが、皆さんがこのような事例に出合ったとき、どのように立ち振る舞うかも含めて、考える材料になればと思う。なお、文中の＜＞は社会資源たるヒトを示している。

i. アオイさん（仮名・中3・精神疾患の母・シングルマザー）

【学校で顕在化した様子】

　アオイさんの両親は、母親の精神疾患罹患をきっかけに5年前に離別した。その後、母親と2人暮らしで、贅沢な生活はできないが、学校では友人間や学習面で特にトラブルもなく穏やかに生活していた。

　そんな中、アオイさんが中学3年の7月のある日曜日、母親と進路について口論となり、突発的に家の2階から飛び降りてしまった。幸いにも植え込みに落下したため、軽傷で済んだ。

【SSWerの導入】

　この"事件"をきっかけに、担任からの紹介で、アオイさんはSSWerとの面談の機会が設定された。

【明らかになった潜在化していた背景】

　面談の中でアオイさんは、両親が離婚する前から日常的に食事や洗濯など家事の大半を担い、母親の不安定な言動に寄り添っていること、母親がいつ「死にたい」と泣き出すか、自分が学校に行っている間に母親が家出してしまうのではないか、いつも漠然とした不安を感じていたことがわかった。また、中学生になると、次第に友達の家庭とは異なる環境に身をおいていることに気づいたが、誰に相談してよいのかもわからず、心細さを感じていたとのこと。

　そんな中で中学3年生になり、進路を決めなければいけない段階となったアオイさんは、これまでどおり母親のそばにいられる近隣のA高校か、少し遠方だが自分のやりたいデザインの勉強ができる

B高校か、どちらへ進学するかで人知れず葛藤を抱いていた。担任や友人にも相談できない中、母親から「高校なんて行かなくていい」と言われてしまった。アオイさんは友人たちと同様に高校までは当たり前に行けると思っていたが、自分にはその選択肢すらないのかと愕然とし、今回の突発的な行動をとってしまったと静かに泣きながら教えてくれた。さらにアオイさんはこれまで母親の病状について誰からも十分な説明がされていなかったことも、面談を通して発覚した。

【支援チームの結成とその対応】

　上記の面談から、SSWerは次のような対応をとった。

①＜担任＞と＜養護教諭＞の計らいで、母親との面談を行うことになった。母親曰く、今回の発言は、本人が進路で悩み苦しそうだったため、そんなにつらいなら高校に行かないでも何とか生活していける、と励ますつもりだったという。SSWerは事前にアオイさんの了解を得ていたので、本人の想いを代弁した。母親は、娘が自分の病状のことを案じていたことを初めて知り衝撃を受け、何とかしなくては、との思いに至った。

②SSWerはアオイさんや母親との面談後、中学校で校内ケース会議を開催し、＜担任＞と＜進路指導担当＞が本人の学力や希望分野、通学距離などを踏まえた選択肢を整理し、進路相談を改めて行う必要があることを確認し、8月中に本人と母親も交えて再度個別面談を行うことになった。

③SSWerは同時に＜保健師＞と連携して、母親の通院先に勤務する＜医療ソーシャルワーカー＞と母親本人も同席のうえ、母親の病状についてアオイさんにわかるように説明するとともに、今後は＜ホームヘルパー＞など利用可能なサービスの導入を検討した。

④自治体の＜家庭児童相談員＞と家庭をつなぎ、中学卒業後も切れ目のない支援体制の構築と、地域での緩やかな見守り体制を模索した。

⑤アオイさんと母親、そして複数関係者が定期的に集まる機会を設けた。そこで現状を共有するとともに、それぞれがどのような支援を行っているのか、何が改善したか、今の課題は何かなど、アオイさんにもわかるように簡潔に整理していく機会となった。

　家庭、学校、病院、地域（自治体）、それぞれの役割が明確になると、支援ネットワークが視覚化される。その結果、アオイさんは「ひとりで抱え込まなくてもよい」「自分では抱えきれないことは、大人に任せてよいのだ」「地域にはこんなに手を差し伸べてくれる大人がいる」と不安が軽減され、進路に向けて準備を進めることができた。その姿に母親も励まされ、治療に専念するとともに、アオイさんの高校進学の時期には、短時間だがパート勤務を行えるまでに心身の安定がみられていった。支援ネットワークの可視化は、アオイさんや母親の安心だけでなく、それぞれの専門性を尊重しながら関係者間の信頼関係構築にも寄与する。

ⅱ．イオリさん（仮名・中1・多子家庭・不登校）

【学校で顕在化した様子】
　イオリさんは中学校に上がるタイミングで他県C市から現在のD区へ転居してきた。中学校は家庭調査票から、高校2年生の兄、下に小学3年生の弟と3歳の妹の4人きょうだいの長女で、両親も含め計6人で生活していることを把握している。入学当初から遅刻が目立っていたが、5月の連休明けには完全に

登校できない状況になった。担任が授業の合間に何度か家庭訪問をすると、大抵は妹と遊んでいたり、居眠りしていたりしていた。その姿を目撃するうちに、「怠学傾向」と判断し徐々に足が遠のいていった。

【SSWerの導入】

　欠席日数が30日を超えたころ、**＜学校長＞**は対応に苦慮し、教育委員会へSSWerの派遣を要請した。**＜担任＞＜学年主任＞＜養護教諭＞**を交えて情報共有を行った後、担任とSSWerは家庭訪問をすることになった。イオリさんは担任の姿を見るや否や、そそくさと家の中に入ってしまい、奥の部屋に隠れてしまった。担任は母親にSSWerを紹介し、今後は週に1回程度、担任とは別に家庭訪問をすることを伝え、了解を得ることができた。

【明らかになった潜在化していた背景】

　SSWerは家庭訪問を重ね、母親と雑談交じりにイオリさんや子どもたちの様子、生活状況などを少しずつ聴き、母親の労をねぎらい、D区の子育て情報をいくつか提供するなど、母親との信頼関係構築に努めた。イオリさんは2人の会話に聞き耳を立てていたが、無理に登校させようとする人ではないということがわかったからなのか、少しずつ顔を見せるようになった。

　家庭訪問を重ねることで、母親は妹を産んでから体調を崩しがちとなり、最近では寝込んでいる時間が増えていること、父親は長距離運転手のため不在がちで、兄もバイトなどで出かけていることが多いことがわかった。そのため、当然のように家事や幼い弟妹の面倒はイオリさんが中心となって世話をしているなど、家庭状況が明

らかとなった。それでも、昨年までは弟と同じ小学校に通い、学校行事や登下校が一緒なのでそれほど苦ではなかったし、弟の担任も何かあれば姉を頼りにしていたので、そのことが誇らしく感じることもあったという。

　しかし、中学校はこれまでの環境とは大きく異なった。勉強が難しくなり、気軽に相談できる友人や先生もおらず、次第に学校へ行くことがつらくなっていった。その一方、家では手のかかる妹の面倒を見ることで母親に「お姉ちゃんがいてくれると助かる」と言われ、家に居場所を見いだしていった。このような状況を語った母親はSSWerに対して、イオリさんの不登校状態が本当はよくない、現状を改善しなければならないことを理解しているものの、妹の世話を率先してやってくれるのでつい甘えてしまっていると吐露した。

【支援チームの結成とその対応】

　上記の家庭訪問や面談で明らかとなった現状から、SSWerは次のような対応をとった。

①母親の「現状を改善したい」という想いを支持するとともに、母親の伴走者として各関係機関と連携をしていくことを確認・了承を得た。特に、支援の中心的存在となる子ども家庭総合支援拠点の**＜子ども家庭支援員＞**につなげていくことから始めた。

②保育所入所要件について**＜保育窓口担当者＞**に確認すると、ちょうど妹の月齢児の空きがある認定こども園が近くにあることがわかり、その場で手続きを行った。担当者は、すぐに**＜園長＞**との面談を設定し、翌月から入園ができるよう手はずを整えることができた。

③弟は小学校に順応しているが、**＜小学校校長＞**と**＜中学校校長＞**が必要に応じて情報共有ができるよう、教育委員会の**＜指導主事＞**

との情報共有を密に行った。

④D区には中学校区に1カ所ずつ教育支援センター（適応指導教室）を設置している。SSWerがイオリさんと母親にその役割やメリット、デメリットを伝えたところ、イオリさん自身がこれまでの勉強の遅れを取り戻して、早く学校に復帰したいという意欲をみせた。そこで、妹の入園と同じタイミングで入室の手続きを進めていくことになった。

⑤イオリさんの家の近くには、母親と一回りほど年の離れた**＜主任児童委員＞**が住んでいる。SSWerが調整役となり3人で顔合わせを行う。2人は意気投合し、次第に家を行き来するほど交流を深め、地域の行事などにも一緒に参加するようになった。

　本家庭の支援チームは構成メンバーが多かったが、SSWerが母親に伴走し、各機関と役割分担を行いながら一つひとつ課題をクリアすることで、転居間もない家庭を地域のさまざまな社会資源へとつなげることができ、イオリさんも自分の生活を取り戻しつつある。

　また、教育支援センターの**＜指導員＞**と学校側が連携しながら学習支援を行うとともに、学校行事にもタイミングを図りながら参加できるよう検討を始めるなど動き始めた。このように、転居事例では、家庭そのものが地域から孤立してしまう可能性がとても高い。家庭が閉塞的になり、問題が複雑化していくと、さらに外部から支援介入することが難しくなる。どのように風穴を開けられるか、誰となら無理なく緩やかにつながることができるかを見極めていくことは、簡単ではないが持続可能な生活を営むうえで大切なことである。そして人は、フォーマルな関係だけでなく、ノンフォーマル・インフォーマルな関係性の中で生きている。それは大人も子どもも同様である。保護者が地域に安心して根を張ることができれば、子

どもも少しずつ安定する。そのきっかけを、いかに創っていけるか
が支援者には求められている。

iii．チアキさん（仮名・小3・介護を要する祖母・生活困窮）

【学校で顕在化した様子】

　幼少期に母親と死別したチアキさんは、父親と祖母との3人
家族で生活していた。しかし、父親が家に帰らない日が増え、
小学2年生になる頃には祖母と2人でいることが当たり前に
なっていた。

　1・2年生のときの担任だった女性教諭は家庭状況をよく把
握し、祖母と協力しながら母親がわりとなってチアキさんを見
守ってきた。

　小3のクラス替えと同時に担任として着任した新卒教諭（男
性）は、「先入観はないほうがいい」「特別扱いしたくない」と、
申し送り事項にほとんど目を通さずにクラス運営を行った。1
学期は大きなトラブルもなく過ごすことができたが、2学期が
始まるとチアキさんは忘れ物が多くなり、授業中は居眠りが続
いている様子がよく見られるようになった。給食は人一倍食べ、
イライラしているかと思えば突然泣き出すなど、情緒不安定な
様子も見られる。クラスの中でだんだんと孤立しがちとなり、
担任はクラスでいじめが起きているのでは、と心配になった。

【SSWerの導入】

　担任が、＜初任者指導教員＞や＜学年主任＞に相談したところ、
SSWerへ相談するよう提案された。担任は大学の講義で福祉専門

職が学校現場に配置され始めたことは耳にしていたが、実際にはどのような仕事をしている人なのかわからなかった。困惑した様子を見かねた＜養護教諭＞が担任に「私も心配なことがあるので同席してよいか」と声をかけ、3人で話をする時間が設けられた。

【明らかになった潜在化していた背景】

　SSWerは、担任と養護教諭の情報からチアキさんの生育歴や家庭状況などを整理するとともに、＜前担任＞が残した申し送り事項を再度一緒に確認しようと提案した。これによって担任は、これまで十分に把握できていなかったチアキさんの家庭環境や前担任のかかわりを理解することができた。さらに養護教諭は、祖母と古くからの友人である＜民生委員＞から、ある時、祖母を訪ねてチアキさん宅へ家庭訪問した際、祖母がチアキさんを父親と間違えて呼んだり、食事をしたことを忘れて再び食事の準備をし始めたりした様子があったことを相談されていた。8月頃には祖母が夜間徘徊する目撃情報が地域住民からも頻繁に寄せられ、チアキさんのことも含め心配しているという。また、これまで利用していた放課後子ども教室にも、2学期から顔を出していないことがわかった。

【支援チームの結成とその対応】

　上記の資料整理や養護教諭の話からSSWerは次の対応をとった。
①学校やクラスがチアキさんにとって心理的安全性が高い場になること、担任がチアキさんの現状を理解すること、さらにチアキさんの感情のはけ口となることを目指し、生活ノートの活用について助言した。
②養護教諭と民生委員と共に、担当地区の包括支援センターに在籍する＜ケアマネージャー＞を交えて、改めて情報共有を行った。

話を聞く限り、現在の祖母の状況は楽観視できないと判断され、すぐに家庭訪問を実施し、介護認定申請につなげる準備が進められた。

③生活困窮状況にあるものの、複合化した課題を抱えていることで各種申請手続きが行われておらず、適切な支援体制が構築できていなかったため、社会福祉協議会が取り組み始めた重層的支援体制整備事業の**＜地域福祉コーディネーター＞**を中心に、支援策を講じていくことになった。

④チアキさんに対して放課後や長期休業中の見守り体制の構築やケアから離れる時間の確保が必要であると考え、放課後子ども教室の利用を再開しつつ、教育委員会の**＜指導主事＞**とも相談し、地域住民とともに、公民館や体育館などを活用した独自の「長期休業中の子どもの居場所づくり活動」をまずは冬休み期間に企画・運営することにした。

　チアキさん自身のことは小学校で一定程度サポートすることができるが、祖母の介護や経済的支援などへの対応は困難である。そのため、地域の社会資源をうまく活用し役割分担を図ることで、見通しを持った支援体制の構築が図られる必要がある。祖母は、昔からこの地域で暮らしており、祖母を慕っている住民も多い。この家庭への支援体制の充実をきっかけに、住み慣れた地域で、地域住民が活発に知恵を出し合えるまちづくりを模索していきたいと社会福祉協議会は意気揚々である。

　このような活動を目の当たりにすると、学校も地域の社会資源の1つであるという自覚が芽生え、地域学校協働活動やコミュニティスクール（学校運営協議会制度）の有用性を理解し、積極的な活用にもつながっていく。さらに、子どもの居場所づくり活動は、子ど

ものことを学校だけで抱え込むのではなく、地域に多くのサポーターがいることを具体的に実感する機会になる。何より"子どもが子どもらしくいられる時間と場所"が確保されることの意義は大きい。

4. ヤングケアラー支援における SSWer に期待する役割

　前節の３つの事例から、読者はどのようなことを感じただろうか。

　目の前の子どもの権利保障と同時に、SSWerのいくつかの役割を垣間見ることができただろうか。SSWerは決して万能ではないが、しかし無力でもない。ここでは、大きく３つの役割について整理してみよう。

　１つは、「日常的につながる役割」である。教員は日中、そのほとんどは教科指導や生徒指導に追われ、学外に出る機会はほとんどない。結果的に、地域のことを知りたくても知るきっかけすらない。一方、SSWerの仕事はむしろ外に出ることが仕事と言っても過言ではない。チーム学校の構成メンバーとして地域に赴き、アウトリーチし、日常的な信頼関係を構築していくことが求められる。また、日常的につながることは、問題の発生または複雑化・深刻化を防ぐといった予防的介入を可能にする。学校や教育委員会の自席にとどまり、問題が起こるのを待っているような受け身の姿勢ではソーシャルワークは展開できない。

　２つ目は、「適切なアセスメント（見立て）をする役割」である。学校には実に多くの情報が錯綜しているが、その多くが残念ながら見過ごされている。前担任からの引き継ぎ事項や担任が気づいたこと、また、担任とは異なる立ち位置の教職員だからこそ得られる情報など、子どもを理解するためのヒントの宝庫であるにもかかわら

ず、それらがバラバラに眠っている。この点と点をいかに結び付け、線にし、面を描くためには、誰に、何を、どのように問いかけ、それらを組み合わせていくかといったアセスメント力が問われる。また、アセスメントとは、子どもや家庭に対してのみ行うものではない。先述のとおり学校や自治体、地域に至るまで、子どもや家庭を取り巻くあらゆるレベルで行うことも重要である。

そして3つ目に、「家族や学校、そして地域のさまざまなレベルの社会資源（ヒト・モノ・コト）を活かし、時に開発する役割」である。事例中の＜＞で示したヒトは、子どもや家族を取り巻く社会資源のほんの一部にすぎない。それでも、多様な人々が生活を支えていることがわかる。彼らを有機的につなぎ、それぞれの役割をしっかり果たせるよう調整する役割がSSWerには求められる。また、子どもの居場所づくり活動の実践に象徴されるように、子どもが子どもらしくいられる時間や場所を子ども集団の中で確保する、という認識も忘れてはならないだろう。

このように、SSWerに期待する役割の一端を書き出してみると、実は決して「スクール」に限った役割ではないことに気づくだろう。つまり、SSWerはsocial work with schoolなのである（鈴木2015）。学校と共に、教職員と共に、ソーシャルワークを実践する。それが、SSWerに最も求められる視点ではないだろうか。学校や教職員に丸投げしないヤングケアラー支援が、今まさに求められている。

引用・参考文献

・上原美子（2022）「特集Ⅲ　ヤングケアラーの現状と適切な支援
　―それぞれの立場でできることは何かを考えてみる―」公益財団
　法人日本学校保健会『学校保健の動向 令和4年度版』22〜27頁
・倉石一郎（2014）『アメリカ教育福祉社会史序説：ビジティング・
　ティーチャーとその時代』春風社
・澁谷智子編著（2020）『ヤングケアラー わたしの語り　―子ども
　や若者が経験した家族のケア・介護』生活書院
・鈴木庸裕編（2015）『スクールソーシャルワーカーの学校理解　―
　子ども福祉の発展を目指して』ミネルヴァ書房
・文部科学省（2017a）「学校教育法施行規則の一部を改正する省令
　の施行等について（通知）」
・文部科学省（2017b）「小学校学習指導要領（平成29年告示）解
　説生活科編」
・文部科学省（2022a）「令和3年度　児童生徒の問題行動・不登校
　等生徒指導上の諸課題に関する調査結果について」
・文部科学省（2022b）「SSW活用事業に関するQ&A」
・文部科学省（2023）「令和5年度　概算要求主要事項」
・NHK（2023）「首都圏NEWS WEB 去年自殺した児童生徒512
　人最多見込み　文科省が対応通知」NHK NEWS WEB　2023年3
　月1日付　https://www3.nhk.or.jp/shutoken-news/20230301/
　1000090233.html（2023年3月2日最終アクセス）

II

第5章

ケアマネジャーの視点から見る
ヤングケアラー

1. ケアマネジャーに「ヤングケアラー」を浸透させる

（1）ヤングケアラーかな？ と疑念をもつ必要性

　筆者が介護支援専門員（以下、ケアマネジャー）として駆け出しの頃、民間企業が開催している研修を受講した。ケアマネジャーの実務についての研修であった。グループワークの合間に雑談する時間があり、10年以上の経験がある1人のケアマネジャーが話していたことを今でも鮮明に覚えている。

【事例1】

> 　今、困難事例一歩手前の案件を抱えているのよねぇ。介護保険第2号被保険者の方なんだけど、一緒に住んでくれている子どもたちがいてくれて、本当に助かってるのよ、息子はまだ、小学生と中学生だからちょっとかわいそうに思えることもあるけど、でも仕方ないのよねぇ。
> 　利用者は2人のお母さんなんだけど、関節リウマチで痛みと闘って生きてるのよ。ほとんど寝たきりのお母さんを息子2人が面倒みてるのよ。お兄ちゃんは弟の面倒もみてるから、自分の好きなことなんて何もできてないと思う。食事はほとんどパンとお総菜。お兄ちゃんが毎日買ってきてくれて、息子たちは、お母さんのポータブルトイレの掃除もしてくれてるの……。

　メンバー全員が経験豊かな先輩ケアマネジャーであり、筆者は先輩ケアマネジャーたちの会話を熱心に聞いていた。あまりにも息子

２人が不憫でかわいそうだと感じた記憶がある。その当時は、会話の中でヤングケアラーという言葉は出てこなかった。出てきた言葉と先輩ケアマネジャーたちの視点は、「社会資源があってよかった」だった。

　ケアマネジャー自身にヤングケアラーについての知識や理解がなければ、【事例１】のように利用者の生活の中にヤングケアラーが存在していたとしても、ヤングケアラーとして捉えるのではなく、利用者を支えてくれている社会資源として、ありがたい存在になってしまう可能性がある。

（2）「かかわっているケースにヤングケアラーはいない」は本当？

　ケアマネジャーや介護保険の居宅サービスを提供している事業所の職員さんにヤングケアラーについて尋ねると、みんな「私がかかわっている利用者さんの周りには、ヤングケアラーはいない」と答える。大多数のケアマネジャーやサービス提供事業者の職員たちは、自分が担当しているケースにヤングケアラーはいないと思っているように見受けられる。次の事例ではどのように考えられるのか。

【事例２】

```
○利用者　　　　：鈴木　敏子さん72歳　女性
○利用者の長女：鈴木真理子さん50歳　女性　　（すべて仮名）
○利用者の孫　：鈴木リサさん　17歳　女性
　鈴木敏子さんと真理子さんは、公営住宅の４階に２人で生活
している。
　鈴木敏子さんの認知症が進み、外出したまま帰宅できずに警
```

察に保護されたことをきっかけに、娘の真理子さんと孫のリサさんが地域包括支援センターに相談に行き、ケアマネジャーが介入することとなった。

　居宅介護支援事業所との契約の際、利用者の敏子さん、娘の真理子さん、ケアマネジャーの３人で会う約束をしていたが、当日、訪問すると、孫のリサさんが同席していた。ケアマネジャーがキーパーソンとなる娘の真理子さんに説明した内容を、孫のリサさんが母親である真理子さんにやさしい言葉に置き換えてわかりやすく説明している。サービス事業所との契約の際もリサさんが同席して、まるで通訳しているかのように母親の真理子さんに説明していた。

　電話連絡時も、ケアマネジャーが真理子さんに連絡すると、「よくわからないから、リサに聞いてから返事します」「リサと一緒にいるときに連絡します」と毎回リサさんに確認している。真理子さんは、いつも「リサがいてくれてよかった。毎日私の話を聞いてくれるし、２日に１回は買い物にも行ってくれる」と話している。

　上の【事例２】は、ケアマネジャーが利用者に出会ってから１カ月という期間の出来事である。孫のリサさんが母親の真理子さんを支援することで、利用者である祖母の敏子さんを間接的に支えている事例である。17歳のリサさんが、契約の場面に立ち合い、母親の理解が不足している部分を手伝うという行為そのものだけでなく、契約時の説明をすべて聞くこと等、大きな負担が伴っていることが予測される。通院や服薬についても、孫のリサさんが手伝っていることが推測できる。

（3）振り返る作業

　このような状況の場合、少し時間が経ち、利用者を取り巻く家族の関係性がわかれば、サービス提供事業者は、真理子さんに連絡せず、直接リサさんに連絡していくことも懸念される。17歳の孫について、担当のケアマネジャーはどのように捉えていけばよいのだろうか。「ヤングケアラーはいない」と自信をもって言えるだろうか。

　家事や排泄の手伝いなどを負担しているなど、生活の中で明確な役割を担っている場合は、何をしているのかがわかりやすい。一方で、【事例2】のように、実際に利用者を介護している人の心のケア（傾聴や労いの声かけ・愚痴を聞くなど）や環境整備等の負担を強いられている場合は、見逃しやすいように感じる。

　このような状況を見逃していないか、ケアマネジャーへのヤングケアラーの啓発活動とケアマネジャー一人ひとりが自分の担当ケースについて振り返る作業が必要ではないかと考える。

2. 利用者の家族は、社会資源としてよい？ ダメ？

（1）ケアマネジメントの定義と社会資源

ケアマネジメントの定義

　利用者が地域社会による見守りや支援を受けながら、地域での望ましい生活の維持継続を阻害するさまざまな複合的な生活課題（ニーズ）に対して、生活の目標を明らかにし、課題解決に至る道筋と方向を明らかにして、地域社会にある資源の活

用・改善・開発をとおして、総合的かつ効率的に継続して利用者のニーズに基づく課題解決を図っていくプロセスと、それを支えるシステム

出典：厚生労働省「相談支援の手引き」https://www.mhlw.go.jp/topics/2005/04/tp0428-1h/04-2.html

　上記の定義に示されている地域社会にある資源の中には、自分（利用者本人）・家族・地域住民・制度やサービスなどがある。

　ケアマネジメントでは、生活課題を解決する道筋と方向を明らかにしていく際に、利用者との協働作業でケアマネジャーが利用者の目標を設定する（図表５−１）。設定した目標を達成させるために、サービス内容の詳細を記載する。この時に、社会資源と利用者を適切に結び付けていくが、社会資源が個人の場合は、個人の権利を侵

図表５−１　ケアマネジメントの流れ

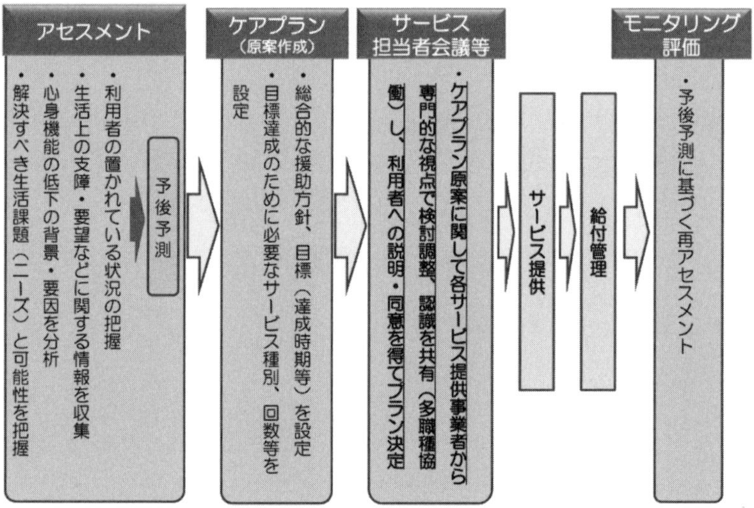

出典：厚生労働省「社会保障審議会 介護保険部会（第57回）」参考資料３（2016年４月22日）

害していないか、しっかりと検討する必要がある。

　担当した利用者の生活課題を解決するために社会資源となるものを無理に機能させようとしていないか、適切なケアプランであるかを検証することにより、権利を侵害しているかいないかを考えることができるのではないか。

（2）社会資源となる家族やその個人の権利

　一般社団法人日本ケアラー連盟[1]では、ケアラー以外にヤングケアラー・若者ケアラーという定義づけをしている（図表5－2）。

　ヤングケアラーにおいては、子どもの権利が侵害されていないかを支援者がしっかりと確認し、本人の同意のもと、社会資源として位置づける必要がある。

　家族を社会資源とすることが間違っているのではない。ケアマネジメントにおける社会資源の中から、家族や個人をあてはめること自体をなくし、ケアプランの中から家族の存在をなくすのではなく、家族や各個人の権利を侵害していないかを考える視点を持つことが重要である。

　利用者に変化があった時は、利用者の周囲、家族やサービス事業者がバタバタと動いていき、当たり前のように急に状況が変わっていくため、権利が侵害されていないかという視点が薄れてしまうことがないように気をつけなくてはならない。

1　一般社団法人日本ケアラー連盟HP
　https://carersjapan.com/

図表 5 - 2　ケアラーはこんな人たちです

ケアラーはこんな人たちです

© 一般社団法人日本ケアラー連盟 /illustration.Izumi Shiga

障害のあるこどもの子育て・障害のある人の介護をしている

健康不安を抱えながら高齢者が高齢者をケアしている

仕事と病気の子どもの看病でほかに何もできない

仕事を辞めてひとりで親の介護をしている

遠くに住む高齢の親が心配で頻繁に通っている

目を離せない家族の見守りなどのケアをしている

アルコール・薬物依存やひきこもりなどの家族をケアしている

障害や病気の家族の世話や介護をいつも気にかけている

こころやからだに不調のある人への「介護」「看病」「療育」「世話」「気づかい」など、ケアの必要な家族や近親者・友人・知人などを無償でケアする人たちのことです。

出典：一般社団法人日本ケアラー連盟

①利用者の望む生活のために誰かの権利が侵害されていると考えにくいケアプラン例

【事例3】

○88歳　女性　自宅で1人暮らし　杖歩行で散歩できる

　88歳の誕生日を迎えてから意欲の低下がみられ、身体機能が低下している利用者に対し、本人の希望を聞きながら、ケアプランの長期目標は「ひ孫の幼稚園の運動会に参加する」とした。サービス内容として、「3カ月に1回、ひ孫と電話や対面で話をする」を設定し、孫（ひ孫の母親）とひ孫は、電話することを了承した。

②利用者の望む生活のために誰かの権利が侵害されていると考えられるケアプラン例

96頁の【事例1】は、関節リウマチで痛みよりほぼ寝たきりの生活を送っている介護保険第2号被保険者の母親を小学生と中学生の息子2人が面倒みている例である。

この事例の場合、服薬管理、食事、排せつなど生活課題を解決するために設定した目標に対し、社会資源として息子2人が位置づけられることになる可能性が高い。

③ケアプランに位置づけられていなくても社会資源と考えている場合

ケアプランに位置づけられていなくても、利用者の生活の中で当たり前のように誰かが手伝っている場合がある。

祖母を大好きな孫（ひ孫の場合もある）が買い物を手伝っている。最初は、月に1回の買い物同行で、負担もなく、お菓子を買ってもらうのを楽しみにしていたが、祖母の状態が悪化していき、買い物に同行する回数が増え、負担に感じるようになったが、誰にも言えず数年経過しているという例もある。

要介護者の場合は、複数の疾患を抱えている場合が多く、利用者の状態が変化していく可能性が高いので、手伝いを始めた頃は、回数が少なく負担に感じることがなかった行為が、利用者の変化により、負担になっていることも考えられる。利用者を介護している人やその近くにいる家族や個人の権利が守られているかを考える視点が必要である。

3. 丁寧なアセスメントでヤングケアラーを発見！

（1）利用者の生活の変化に反応し、情報からキャッチ

　アセスメントとは、「利用者を取り巻く環境等の評価を通じて利用者が生活の質を維持・向上させていく上で生じている問題点を明らかにし、利用者が自立した日常生活を営むことができるように支援する上で解決すべき課題を把握すること」[2]である。

　ケアマネジャーは、サービス開始時・設定した目標の期間終了時・担当する利用者の心身の状況に変化があった場合など常時情報収集しながらアセスメントし、その時の生活課題を明確にしていく。利用者自身に大きな変化がなくても、生活に変化があったとき、ヤングケアラーを発見することがあり得る。要介護状態の利用者の生活に変化があるときは、その家族にも同じように変化があることが考えられる。

　後述する【事例4】は、筆者が経験した事例であるが、モニタリングするために自宅訪問して利用者と会話しているときに「あれっ？　ヤングケアラー？」と感じた例である。利用者自身には大きな変化はなかったが、家族に変化があった例である。

2　厚生労働省「介護給付費分科会─介護報酬改定検証・研究委員会」（2017年10月25日）資料　https://www.mhlw.go.jp/file/05-Shingikai-12301000-Roukenkyoku-Soumuka/0000180925_5.pdf（2023年7月14日最終アクセス）

【事例4】

○利用者　　　：　大山福代さん89歳　女性　　　　（すべて仮名）
○利用者の長女：　佐藤恭子さん64歳　女性
○利用者の孫　：　並木由紀さん40歳　女性
○利用者のひ孫：　並木望美さん11歳

　　　　　　　　並木拓海さん　8歳

　利用者の大山福代さんは1人暮らし。なるべく他人に迷惑をかけないで生活していきたいと、心身の健康を維持するためにデイサービスに通いながら、規則正しく生活していた。話すことが大好きで、少し不安なことがあるとケアマネジャーに電話連絡して、不安な気持ちを話すことにより安心感を得ていた。よく家族のことを話していた。

　家族構成としては、長女の佐藤恭子さんが大山さんの生活を支えていた。恭子さんは車で10分のところに住んでおり、2日に1回、家に来て一緒にご飯を食べていた。車で15分のところに住んでいる孫の並木由紀さんはシングルマザーで2人の子どもを育てていた。

　ある日訪問すると、大山さんが「娘がくも膜下出血で倒れた。先のことが何もわからない。祈ることしかできない。どうすればいいのか」と泣きながら話していた。状況としては、長女の恭子さんは集中治療室にいて、孫の由紀さんが毎日病院に通っているという。

　今まで長女の恭子さんがしていた、大山さんへの支援も孫の並木由紀さんがすべて行うことになり、並木由紀さんには、仕事・子育て以外に祖母の介護と療養中の母親の世話がのしかかった。心身ともに緊張して疲れていることが考えられる。ま

た、ひ孫の２人の生活にもなにかしらの影響があるはずだと予測できる。大山さんに状況を聞くと、孫の由紀さんもひ孫たちも疲弊しきっているとのことだった。

（2）判断するのではなく、支援の必要性を視野にいれておく

　前述の【事例４】について、ひ孫がすぐにヤングケアラーと判断することはできない。ヤングケアラーかもしれないと思ったときに、すぐに外部の相談機関などの支援に結び付けなければいけないというわけでもない。問題視しすぎることにより生じる悪影響も念頭に、まずは、情報収集が不可欠であろう。

　ケアマネジャーは、利用者の話を聞くことにより、リアルタイムで子どもの様子や生活について、情報収集することができる。子どもが、家事など今までしていなかったことをしていることや、今までの生活から変わり、本来していたことができなくなってつらい思いをしていないかなどを確認することはできる。利用者に孫の状態を聞くことにより、ひ孫の生活を推測することもできる。サービスを提供している事業所の職員に話を聞くこともできる。

　家の中の生活の情報を得ることはケアマネジャーだからこそできることではないだろうか。すぐにヤングケアラーと判断することはできないが、マラソンの伴走者のように近くで見守り、支援の必要性を考えることはできるのではないか。

（3）学校の先生と違うところ

　ケアマネジャーは、家庭に入りこむことができる。利用者の自宅に訪問した際は、家の中に入って状況を確認するなど、その家の様

子を肌で感じることができる。ヤングケアラーかもしれないと思われる子どもと直接会う、直接話すこともできる可能性がある。

　ヤングケアラーの中には、その状況を人に知られたくないと思っている者もいる。学校の先生が訪問してきた場合、インターホンを鳴らしても、玄関のドアを開けないまま門前払いできるが、ケアマネジャーの場合は門前払いできない。サービスを提供している事業所の場合も門前払いせず、家の中に入れることになる。知られたくないと思っていても、利用者がいる場合は、介入できることがほとんどである。ケアマネジャーとして、利用者と話をしながらさまざまな角度からの情報を集めることができる。利用者の生活の様子と併せて家庭内の役割を確認することで重要な情報につながることもある。

　また、過去には、ケアマネジャーの訪問時にヤングケアラーとなっていた子どもから自発的にケアマネジャーに困りごとを相談されたことから支援につながった例が報告されている。その子どもの目には、ケアマネジャーがどのように映っていたのだろうか。祖父、祖母のお世話をしてくれているやさしそうな人に映っていたのだろうか。ケアマネジャーは、困っている人が「話をしたい」と思ってくれる存在になるためにできることを考えていきたい。

4. 1人で背負わずにケアマネジャーの任務を！

（1）ダブルケアは要注意

　「ダブルケア」とは、1人の人や1つの世帯が同時期に介護と育児の両方に直面することをいう。「ダブルケア」により子どもの子

どもらしい生活が奪われてしまうことがあり得る。ダブルケアの要因としては、晩婚化と出産年齢の高齢化・少子化による家族背景の変化・高齢化社会により高齢者の増加などが挙げられる。厚生労働省の委託調査[3]で40歳以上の男女を対象に「ダブルケア」の問題が身近であるかどうかを尋ねた結果、45.4％と約半数の人が身近に感じていた。

「ダブルケア」の状況は突然来ることが多く、十分な準備ができることはほとんどない。「ダブルケア」になりそうなケースかどうかを把握するために、ジェノグラムを活用し、可視化しておくとヤングケアラーの発見や利用者の情報整理ができるのではないかと考える。たとえば、【事例4】の場合、孫がダブルケア、ひ孫がヤングケアラーになる可能性があることが見えてくる（図表5－3）。

図表5－3　家族構成

（すべて仮名）
○ 利用者　　　　：大山福代さん 89 歳　女性
○ 利用者の長女：佐藤恭子さん 64 歳　女性
○ 利用者の孫　：並木由紀さん 40 歳　女性
○ 利用者のひ孫：並木望美さん 11 歳
　　　　　　　　　並木拓海さん　8 歳

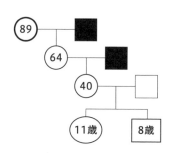

利用者の心身の状況に変化があったとき、利用者の生活に変化があったときは、アセスメントの際に見る視点としては、①ADL（日常生活動作）、IADL（手段的日常生活動作）についての支援は

3　厚生労働省「介護給付費分科会－介護報酬改定検証・研究委員会」第14回（2017年10月25日）

誰が行うのか、心のケアは誰が行っているのか、②環境整備は誰が行っているのかをジェノグラムと照らし合わせて確認し、過重に負担がかかってしまっている人、その影響により、犠牲になる人がいないかを確認する必要がある。

（2）各機関への情報提供者

　ヤングケアラーの支援を行う場合、まずは、子どもが子どもらしく生きられない原因を探ることになる。根本的な要因を解決するために各機関が連携をとっていくことになるが、その時のケアマネジャーの任務は情報提供者になることだと考える。

　ヤングケアラーの支援は、ワンストップで相談できる窓口がなく、「高齢者福祉」「児童福祉」「障害者福祉」と縦割りになっていて、各機関がそれぞれ情報を収集していることが多い。現在は、地方自治体に関係機関と民間支援団体等とのパイプ役となる「ヤングケアラー・コーディネーター」の配置が進んできて、ヤングケアラーを適切な福祉サービスにつなぐ機能を強化している。

　確かな情報を得てから支援が進んでいくため、家庭の中に入り込み、現場の中で聞き取りができるケアマネジャーの情報収集は、原因を探して解決していくために役立っていくと考える。各機関から情報提供を求められたり、ケアマネジャーの介入を求められたりするような連携のとれた支援体制の構築に期待したい。

第 6 章

民生委員・児童委員活動と
ヤングケアラー

1. 民生委員・児童委員への期待

（1）ヤングケアラーについて

　本章では、民生委員・児童委員（以下、民生委員）の視点からみたヤングケアラーについて、その現状について検討する。なぜこうしたテーマについて検討する必要があるのか。その背景には、近年急速に進展しつつあるヤングケアラー支援をめぐる政策動向の中で、民生委員の役割に大きな期待が寄せられていることがある。

　たとえば、厚生労働省が2021年5月に公表した「ヤングケアラーの支援に向けた福祉・介護・医療・教育の連携プロジェクトチーム報告」では、国として今後取り組むべき施策の1つとして「早期発見・把握」の項が掲げられた。その中で、「児童委員や子ども食堂など地域や民間の目でヤングケアラーを把握する取組」の必要性が明記されている。潜在化しやすいヤングケアラーについて「児童委員、子ども食堂、学習支援等、地域や民間の目で発見・把握することが重要」[1]とされており、民生委員や地域住民、ボランティア、民間団体等に対してヤングケアラーについて学ぶ機会を確保する方針が打ち出されている。

　こうした状況に呼応する形で、民生委員サイドにおいてもヤングケアラーの発見と支援を、活動の重要なポイントとして位置づけるようになってきている。たとえば、東京都民生児童委員連合会は、ヤングケアラーの発見や支援における民生委員の強みとして、妊産

1　厚生労働省「ヤングケアラーの支援に向けた福祉・介護・医療・教育の連携プロジェクトチーム報告」（2021年5月17日）3・4頁

婦・乳幼児から高齢者まで分野を問わず幅広く対応できる点や、
「世帯丸ごと気に掛ける」ことでヤングケアラーの存在に気づくことができること、また発見したヤングケアラーを多様な専門機関や団体へつなぐことができること等を挙げている[2]。

　また、森田久美子は、全国民生委員児童委員連合会（全民児連）の広報紙の特集記事のなかで、ヤングケアラー支援において民生委員に期待されることとして、①ヤングケアラーの発見に努めること、②ヤングケアラーと思われる子どもに声をかけること、③学校と連携してヤングケアラーを支援すること、④ヤングケアラーとその家族に福祉サービスなどに関する情報を伝え、それらの利用を援助すること、⑤地域住民にヤングケアラーが直面している課題について知らせることの5点について述べている[3]。

　以上のように、ヤングケアラーの支援においては、より身近な地域における発見や問題把握、専門機関等へのつなぎが重要とされていることから、身近な地域における相談役として長い活動の歴史を持つ民生委員に大きな期待がかけられているのである。

（2）個々の民生委員の認識は？

　既述のとおり、ヤングケアラーへの支援における民生委員の役割への期待が非常に高まっているが、一方で、当の民生委員はこうしたヤングケアラーの問題をどのように認識しているのだろうか。また、その支援における自らの役割についてどのように考えているのだろうか。ヤングケアラーの問題をめぐっては近年大規模な実態調査も行われるようになっているが、その多くは子どもや学校関係者、

2　東京都民生児童委員連合会『都民連だより』第57巻4号（2022年）3頁
3　森田久美子「ヤングケアラーについて理解を深める」全国民生委員児童委員連合会『民生委員・児童委員のひろば』第830号（2002年）5頁

福祉の専門機関等を対象としたものとなっている。個々の民生委員が問題をどのように捉え、またそこにおける自らの役割をどのように考えているかについては、現時点では十分に明らかになっているとは言い難い[4]。

そこで本章では、民生委員のヤングケアラーについての認知（言葉を知っているかどうか）、担当地区におけるヤングケアラーの把握状況および発見した場合に想定される対応についての認識について、特定地域におけるアンケート調査の結果を通じて探ってみたい。そこからみえる民生委員からみたヤングケアラーの特徴と今後の対応のあり方について、その一端を明らかにすることが目的である。

2. 民生委員・児童委員制度の概要

（1） 民生委員とは

アンケート結果の検討に入る前に、ここで民生委員制度の概要とその基本的な任務について簡単に触れておきたい[5]。民生委員についてあまりよく知らないという読者に向け、ごく基本的なポイントのみを紹介する。すでに民生委員制度についてご存じの読者は読み

4　本稿執筆時点で、ヤングケアラーについての民生委員の認識について調べている実態調査としては、香川県による「支援機関におけるヤングケアラーへの対応等に関するアンケート調査（ヤングケアラー実態調査）」(2022)、愛媛県による「ヤングケアラー支援に向けたアンケート調査報告書」(2022、主任児童委員のみ)、群馬県による「令和４年度群馬県ヤングケアラー実態調査」(2023)等がある。

5　本節の記述は、板倉香子（2022）「民生委員・児童委員関連業務の概要」菅野道生編『押さえておきたい地域福祉・社会福祉協議会』（ぎょうせい、2022年）の内容をもとに筆者が要約・修正した。

飛ばしていただいても構わない。

　民生委員は、よく「身近な地域における福祉の相談役」といわれる。一定の地区を単位として住民の生活の困りごとの相談に乗ったり、サロンや見守り活動をはじめさまざまな地域福祉活動に取り組んだりするボランティアというのがおおまかなイメージである。ボランティアといっても民生委員法という法律に規定されており、厚生労働大臣によって委嘱されることから、「行政委嘱ボランティア」ともいわれている。また民生委員は、児童福祉法に規定されている児童委員を兼務することとされている。そのため「民生委員・児童委員」が正式名称だが、単に「民生委員」と呼ばれることが多い。すべての民生委員は一定地区ごとに組織される「民生委員児童委員協議会（民児協）」に所属して日常の活動を行っている。任期は 3 年を 1 期として再任も可能となっている。現在、全国で約23万人弱が、 1 万を超える地区に配置されている[6]。

　民生委員は、各自が担当地区を持ち、幅広く住民の支援を担っている。その活動は、住民の福祉に関する相談に応じることや福祉サービスの窓口につなぐこと、高齢者や障害者の安否確認や見守りのための訪問活動、福祉サービスの周知や調査への協力などの行政等への協力活動、災害時の支援活動など多岐にわたっている。

（2）主任児童委員について

　また、児童委員の中から主任児童委員を選任することとされており、主任児童委員に選任されると、地域担当を持たず、各地区担当

6　厚生労働省（2023）「令和 4 年度民生委員・児童委員の一斉改選結果について」によると、2022年12月 1 日時点の全国の民生委員の定数240,547人に対して、委嘱数は225,356人で、そのうち新任委員は72,070人（32.0％）再任委員が153,286人（68.0％）となっている。

の児童委員と協力し、行政と連携を図りながら、子どもの福祉に関する活動を専門的に担う。

（3）民生委員制度の歴史

　民生委員制度の起源は、1917年岡山県で創設された済世顧問制度、および1918年に大阪府で創設された方面委員制度にまで遡ることができる。現在の民生委員制度のスタートは第二次大戦後の1946年の民生委員令、それに続く1948年の民生委員法の成立である。いずれにしても非常に長い歴史を持つ制度である。民生委員はかつては「名誉職」として規定されていたが、2000年の法改正「住民の立場に立った相談、援助者」とされ、「住民の福祉の増進を図るための活動を行う」ことが明示された。同年に改正・成立した社会福祉法では地域福祉の推進が掲げられ、民生委員はその担い手としての役割と活躍を期待されるようになり現在に至っている。

　一方で、近年では、民生委員の高齢化や担い手不足に悩む地域も多い。その中で担い手の確保と活動の負担軽減も大きな課題となっている。

3. アンケート調査から

（1）調査の概要について

　さて、上記のような民生委員制度の特徴も踏まえつつ、ここからは民生委員を対象としたヤングケアラーに関するアンケート調査の結果についてみていくこととしたい。調査の実施概要は図表6－1のとおりである。

　調査は東北の地方都市Ａ市（人口約30万人）で開催した研修会に参加した民生委員および主任児童委員を対象に、筆者が実施した。Ａ市の民児協に所属する民生委員の人数は、2022年12月1日現在で597名、そのうち主任児童委員は56名となっている。

　研修参加者全員に調査票を配布し、調査の趣旨について文書と口

図表6−1　アンケート調査の概要

調査の名称：民生委員における「ヤングケアラー」の認知度と把握・支援の実
　　　　　　態に関するアンケート調査

調査実施主体：菅野道生

調査時期：2023年1月

調査対象：Ａ市民生児童委員連絡協議会に所属する民生委員・児童委員、およ
　　　　　び主任児童委員

調査方法：構造化されたアンケート調査を用いた集合調査（自記式）

配布数：85票（内訳：民生委員・児童委員43名、主任児童委員42名）

回収数：80票（内訳：民生委員・児童委員41名、主任児童委員39名）

有効回収数と有効回収率：80票（94.1%）

調査項目：

　Ⅰ．**基本属性**

　　・委員種別　・活動年数　・担当地区の地域特性　・担当地区の住宅特性

　Ⅱ　**ヤングケアラーに対する認知度**

　　・「ヤングケアラー」の用語の認知有無

　　・「ヤングケアラー」の用語の意味の認知度（S.Q）

　Ⅲ　**ヤングケアラーの把握状況**

　　・ヤングケアラー該当ケース把握有無

　　・該当世帯の把握数

　　・該当ケースの人数と年代

　　・把握の経緯（自由記述）

　　・該当ケースを発見した際の対応方法について

　　・自由記述

頭で十分に説明したうえで回答を求めた。また、調査への回答と調査票の回収箱への提出をもって調査への同意を得たものとした。

（2） 調査結果の概要

ア．回答者の基本属性

　図表6−2は回答者の委員種別と活動期間の状況をみたものである。民生委員と主任児童委員の割合がほぼ半々ずつとなっている。また活動期間では「1期目」と「2期目」を合わせた割合が民生委員で60.0％、主任児童委員で52.7％となっている。前回の改選は2019年12月であったため、「2期目」の委員は、1期目の期間がほぼコロナ禍と重なっていた。そのため、訪問活動やサロン活動、研修会への参加等、民生委員としての実践やスキルアップやネットワーキングの機会がかなり限定された状況の中で1期目を過ごしたことが想定される。

　その意味では「1期目」と「2期目」の回答者は、民生委員としての活動経験の蓄積が平常時に比べて少ない可能性がある。結果の読み取りにあたっては、こうした回答者の状況を考慮する必要があ

図表6−2　回答者の委員種別と活動期間（n=78）

委員種別	活動期間					合計
	1期目	2期目	3期目	4期目	5期目以上	
民生委員・児童委員	2	22	11	5	0	40
	5.0％	55.0％	27.5％	12.5％	0.0％	100.0％
主任児童委員	8	12	2	9	7	38
	21.1％	31.6％	5.3％	23.7％	18.4％	100.1％
合計	10	34	13	14	7	78
	12.8％	43.6％	16.7％	17.9％	9.0％	100.0％

※集計値は小数点以下第2位を四捨五入しているため、
　主任児童委員の合計は100％とならない。

ると思われる。

イ．ヤングケアラーという言葉の認知有無

　調査では、「あなたはこれまでに『ヤングケアラー』という言葉を聞いたことがありますか」という設問を置いた。結果は図表6−3のとおりである。全体の92.5％が「聞いたことがある」と回答しており、「聞いたことがない」は7.5％にとどまっている。前述のとおり、近年はヤングケアラーの問題がさまざまな場面で取り上げられるようになってきている。民生委員においても言葉自体の認知度はかなり高いことがうかがえる。

　さらに「聞いたことがある」と回答した人に、サブクエスチョンとして、「あなたは『ヤングケアラー』という言葉の意味について、知っていますか」と質問した。これに対しての回答では「よく知っていると思う」が10.0％「大まかには知っていると思う」が75.0％、「ほとんど知らないと思う」は7.5％となっている（図表6−4）。「聞いたことがある」だけではなく、その言葉の意味も含めて、民生委員においてはヤングケアラーについての認知が進んでいることが見て取れる。

　なお、香川県が民生委員（主任児童委員を含む）にヤングケアラーの用語についての認識を聞いた調査（2022）では、「国の報告書の内容を承知している程度認識している」が7.9％、「報道されている程度は認識している」が71.8％、「言葉だけは認識している」が13.3％、「言葉も認識していない」が7.0％となっている[7]。項目が異なるため直接の比較はできないが、「言葉としては知って

───────────

7　香川県「支援機関におけるヤングケアラーへの対応等に関するアンケート調査報告書」（2022年12月）6頁

図表6－3　ヤングケアラーという用語の認知有無（n＝80）

ヤングケアラーという用語を聞いたことがあるか	実数	％
聞いたことがある	74	92.5
聞いたことがない	6	7.5
合計	80	100.0

図表6－4　ヤングケアラーという用語についての理解度（自己評価）（n＝74）

ヤングケアラーという 言葉の意味について知っているか	実数	％
よく知っていると思う	8	10.0
おおまかには知っていると思う	60	75.0
ほとんど知らないと思う	6	7.5
合計	74	92.5

いるし、その内容もだいたいはわかっている」といった認知の状況
は、本調査結果とも共通した傾向といえる。

ウ．ヤングケアラーの把握について

　次に、実際に地域において、ヤングケアラーに該当するケースを
把握しているかを見てみよう。図表6－5からわかるように「あな
たは現在、担当地区内において『ヤングケアラー』に該当すると思
われる子どもがいる世帯を把握していますか」という問いに対して、

8　調査票に、日本ケアラー連盟による以下のヤングケアラー定義を文章で提示し、
　この定義をもとに該当者を把握しているかどうかを回答してもらった。
　「家族にケアを要する人がいる場合に、大人が担うようなケア責任を引き受け、
　家事や家族の世話、介護、感情面のサポートなどを行っている、18歳未満の子
　ども」（一般社団法人日本ケアラー連盟『ヤングケアラープロジェクト』ウェ
　ブサイト）

図表6－5　ヤングケアラーがいる世帯の把握（n=79）

担当地区内においてヤングケアラーに 該当する子どもがいる世帯を把握しているか	実数	％
把握している	3	3.8
把握していない	76	95.0
合計	79	98.8

「把握している」と回答したのは80人中3人（3.8％）にとどまっていた[8]。

　本調査の自由記述においては、「個人の家庭の状態もあるので私たちがどこまで入り込めるのか問題です」、「ヤングケアラーは、昔は親孝行と言われていました。子どもが親の犠牲になるのではないが、ヤングケアラーの線引きが今一番難しい」、「子どものいる家庭は集合住宅に住んでいる人が多く、実態が把握しづらい」、「個々の家庭の中に入っていくのは難しい。学校等で把握したいことの情報を共有させてほしい」、「地域での把握が難しいと思う！　そこが一番なんだと思います」、「なかなか情報が入りにくいので、（学校とか）行政との連絡があるといいと思います」、「コロナ以前みたいに（情報をつかむことができた）世間話がほとんどできないので、まったく周りの情報がつかめない」、「ヤングケアラーの該当の判断がはっきりしない」、「いきなり家を訪ねるのは拒否されると思う。学校、市に情報を伝えることから始めたい」といった記述もみられた。A市は東北の地方都市であるが、市街地においては民生委員も各家庭の状況を容易には把握できない現状も見て取れる。

　また、今回の調査では、回答者の半数が2期目以内（経験年数0〜3年前後）であり、こうした背景もヤングケアラーの把握数の状況に影響していることも考えられる。

エ．把握した場合の対応方法について

　調査では「ヤングケアラーのケースを発見した場合、どのように対応したらよいか、具体的な方法は思い浮かびますか」との設問を置いた。回答結果は図表6－6のとおりで、「思い浮かぶ」と「なんとなく思い浮かぶ」との回答を合わせると全体の約6割程度となっている。一方で、「あまり思い浮かばない」と「まったく思い浮かばない」は合わせて4割程度だった。比較的経験の浅い民生委員が全体の半数程度いることもあってか、具体的な対応方法が明確にイメージできていない民生委員も一定数いることがわかる。

　なお、この設問で「思い浮かぶ」「なんとなく思い浮かぶ」と回答した人に、思い浮かぶ対応方法はどのようなものかを自由記述で尋ねた。そこでは、「社会福祉協議会や行政、専門機関につなぐ」「学校と連絡を取る」「地区の民児協で（先輩に）相談する」といった記述がみられた。「まずは、地区民生会メンバーに相談しつつ、社協等と連絡を取り、対応について相談する。（個人対応としてあまり動きすぎないようにする。）」や「民生委員活動すべてに通じるキーワード『一人で考えず多くの方々・プロの方々に意見を求め

図表6－6　該当ケースを発見した場合の対応について（n=77）

ヤングケアラーを発見した際の 具体的な対応方法が思い浮かぶか	実数	％
思い浮かぶ	9	11.7
なんとなく思い浮かぶ	37	48.1
あまり思い浮かばない	29	37.7
まったく思い浮かばない	2	2.6
合計	77	100.1

※小数点以下第2位を四捨五入しているため、合計は100％とならない。

る』」といった記述がみられた。自分だけで抱え込まず、まずは社協や行政、学校等の関係機関につなぐ、必要に応じ民児協の仲間（先輩）に相談するといった「つなぐ」支援をイメージしている民生委員が多いと思われる。

4. ヤングケアラーをめぐる認識と活動の実態

　既述のような調査結果から見えてきたことをまとめると、おおむね以下のようである。民生委員においては、（経験の浅い委員も含めて）言葉としてのヤングケアラーの認知、あるいは言葉の意味合いについての理解はかなり進んでいる状況にある。これは先行する調査で示された結果とも重なっている。社会全般においてヤングケアラーへの関心が高まるなかで、民生委員の中でもヤングケアラーは活動における重要なトピックとして認知されてきていることが確認された。その一方で、実際にヤングケアラーの該当ケースを把握している民生委員は全体ではごくわずかであった。

　各種の実態調査の結果も考えると、地域にヤングケアラーが「いない」わけではなく、おそらく現時点では民生委員からは「見えていない」ことが考えられる。また、言葉としては知ってはいたとしても、（特に新人の）民生委員の立場では情報を把握することや、実際に支援が必要な状態に該当するかどうかの判断が難しいことも考えられる。

　国も今後の施策の方向性として、民生委員を対象としたヤングケアラーに関する研修の機会をつくり、その把握や具体的な支援の方策についての理解を深めていくことを示している。言葉の理解の段階から一歩進めて具体的な発見と支援方策について民生委員が理解

と経験を積んでいくことの必要性は、本調査結果からも見えてきたように思われる。金井（2022）も指摘するように、民生委員制度の持つその圧倒的なスケールメリットとネットワークは、地域におけるヤングケアラーの支援、とりわけその発見と支援へのつなぎにとって大きな強みとなることはたしかであろう[9]。

　一方で、コロナ禍によって民生委員も通常の活動が制限され、新任委員の研修やスーパービジョンも十分に行えないなかで、地域によっては活動の継承自体に困難を抱えている現状も報告されている[10]。高齢化や担い手不足といった制度そのものの持続可能性にかかわる課題も指摘されており、ヤングケアラーの問題も含めあまりに多くのことを民生委員に期待しすぎることにも注意が必要である。

　民生委員制度は地域福祉における「打ち出の小づち」ではないということも、ヤングケアラーを地域で支える体制を構築していくうえで意識しておく必要があるだろう。

9　金井敏「民生委員・児童委員の強みを活かすために」全国社会福祉協議会『月刊福祉』106（2）46〜49頁
10　西村幸満「地域の生活支援体制における民生委員・児童委員の機能と役割：コロナ前後の活動変化に注目して」社会政策学会『社会政策』通巻第42号（ミネルヴァ書房、2022年）

第7章

多様な支援主体の
かかわりの現状と課題

1. ヤングケアラーおよびその家族を支える支援主体

（1）地域にある支援主体と活動形態

　ヤングケアラーおよびその家族が住む基礎自治体を基盤とした地域には、多様な支援主体が存在する。その支援主体は大きく分けて、担い手としての主体と団体・組織による主体の2つに分類できる。

　担い手としての主体は、①客体ではない当事者（主体）、②身近な家族や友人などの支援者、③住民、④ボランティア、⑤行政委嘱型の相談員、⑥民間資格者、⑦国家資格者などが挙げられる。

　一方の団体・組織による主体は、①当事者組織・セルフヘルプグループ、②興味関心で集まるサークル、③町内会、自治会、消防団などの住民自治活動団体、④ボランティア団体、⑤民間の支援団体、⑥NPO法人、NGO法人、財団法人、社会福祉法人等の法人格を持つ組織、⑦民間事業者、⑧業界団体、職能団体、雇用者団体、⑨民生委員・児童委員、保護司などの行政委嘱型の活動団体、⑩全国老人クラブ連合会、全国食生活改善推進員協議会、赤十字奉仕団などの市町村と協働する団体、⑩社会福祉協議会、⑪行政からの業務委託や受任機関、⑫行政機関などが挙げられる。また、これら団体・組織の継続を支援する中間支援組織が存在する。

　支援の領域でいえば、保健、医療、社会福祉、教育、雇用・労働、住宅、更生保護、司法などがある。なお、社会福祉を分野別にいえば、高齢、児童、障害、生活困窮等に分類される。また、地域包括ケアシステムの前提に倣えば、自助、互助、共助、公助の4つの支援[1]に分類できる。

　主体の活動の形態として、①単独、②見守り協定などによるネッ

トワーク活用、③多機関・多職連携・協働、④公私協働などが挙げられる。

（2）支援主体の具体的な支援内容

　社会福祉 6 法（生活保護法、児童福祉法、身体障害者福祉法、知的障害者福祉法、老人福祉法、母子および寡婦福祉法）および関連法に基づいた社会福祉施設の種類（小項目）は71種類、活動中の事業所は82,611カ所（「令和 3 年度社会福祉施設等調査」）、公的な福祉サービスメニューは187サービス（WAM NET[2]記載2023.1）ある。

　近年、厚生労働省、内閣府などの官公庁のホームページには、多様な支援主体の活動や事業の好事例が参考として公表されている。具体的な活動・事業として、たとえば、相談支援、居場所づくりなどの参加支援、見守り支援、教育支援、家事代行、食品提供や子ども食堂などの食事提供、親子形成支援、保健予防・医療支援、ショートステイ、緊急保護、貸付支援、電話相談、SNSやアプリなどの情報機器を用いた情報提供やマッチング、ヤングケアラー同志が集まるオンラインサロンなどが示されている。

　地域によって支援主体の種類や数、活動内容や事業内容が異なるが、ヤングケアラーおよびその家族が住む地域で、子どもの成長を支え、温かく見守る生活環境を整備していくことが求められている。

1　地域包括ケア研究会「地域包括ケア研究会報告書〜今後の検討のための論点整理」（2008年）
2　ワムネット。福祉全般に関するポータルサイト。

2. 全世代・全対象型地域包括支援体制の整備

(1) 地域共生社会の実現に向けて

　少子化対策、子ども・若者育成支援、子どもの貧困対策、さらに児童相談所の児童虐待相談対応件数が20万件（2018年度）を超えるなど、依然として子ども、その保護者、家庭を取り巻く厳しい環境があり、児童相談所および一時保護所において支援を行うことが難しい状況が続いている。これらに対応するために、今般、地域共生社会の実現に向け、重層的な地域包括支援体制の整備が急がれている。

　地域共生社会の実現に向けた政策動向に影響を及ぼした報告書の1つに厚生労働省社会・援護局「これからの地域福祉のあり方に関する研究会報告書（2008年大橋謙策座長）」[3] が挙げられる。この報告書では、①少子高齢化や科学技術の進展、共同機能の低下による支え合いの変化などの社会情勢の変化に伴い、②世帯の複合的な課題、制度ではカバーしきれない複雑な問題が生じていること、③社会福祉制度が整えられている反面、制度間の分断の問題が生じていることを指摘している。

　こうした問題提起に対し、厚生労働省の分野を超えて各部署の中堅職員らがまとめた「誰もが支え合う地域の構築に向けた福祉サービスの実現－新たな時代に対応した福祉の提供ビジョン－」[4] において、地域包括ケアシステム等を活用し、本人のニーズを起点とす

3　厚生労働省社会・援護局「これからの地域福祉のあり方に関する研究会報告書（2008年大橋謙策座長）」（2008年3月31日）

るさまざまなニーズに対応する全世代・全対象型地域包括支援とい
う新しい地域包括支援体制の構築の必要性が示された。

　これを受け、2017年改正社会福祉法（地域包括ケアシステムの
強化のための介護保険法等の一部を改正する法律による改正）およ
び改正に基づく「社会福祉法に基づく市町村における包括的な支援
体制の整備に関する指針（平成29年厚生労働省告示第355号）」が
示された。そこでは、地域福祉の推進の理念として、支援を必要と
する住民（世帯）が抱える多様で複合的な地域生活課題について、
住民や福祉関係者による把握、関係機関との連携等による解決が図
られることを目指す旨が明記された。また、地域共生社会の理念を
実現するため、市町村が包括的な支援体制の整備に努める旨（2017
年改正社会福祉法第106条の3）を規定し、市区町村がこれら体制
を具現化、理念化するために地域福祉計画を策定するよう努めると
ともに、福祉の各分野における共通事項を定め、上位計画として位
置づけるとされた。さらに「地域共生社会の実現のための社会福祉
法等の一部を改正する法律（令和2年法律第52号）」により、基礎
自治体を基盤とした、重層的で包括的な支援体制の整備に向け重層
的支援体制整備事業が明記（2020年社会福祉法第106条の4）さ
れ、「地域共生社会」の実現に向けて事業が展開されている。

（2）地域共生社会の実現に向けた体制整備

　厚生労働省によれば、重層的支援体制整備事業は、「市町村、民
間団体、地域住民など地域の構成員が協働して、属性を問わない包
括的な支援と地域づくりに向けた支援を総合的に推進し、多様なつ

4　厚生労働省 新たな福祉サービスのシステム等のあり方検討プロジェクトチーム
　「誰もが支え合う地域の構築に向けた福祉サービスの実現 −新たな時代に対応
　した福祉の提供ビジョン−」（2015年9月17日）

図表 7 - 1　重層的支援体制設備事業

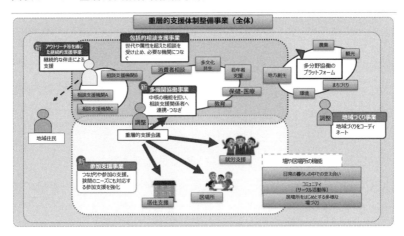

出典：厚生労働省資料 令和4年度重層的支援体制整備事業人材養成研修
「地域共生社会の実現に向けた重層的支援体制・整備事業について（全般）」19頁

ながりを地域に生み出すことを通じて、身近な地域でのセーフティ
ネットの充実と地域の持続可能性の向上を図る」意義があるとされ
ている（「地域共生社会の実現に向けた重層的支援体制整備事業に
ついて（全般）」19頁）。具体的には、世代や属性を超えた相談を
受け止め、必要な期間につなぐ「包括的相談支援事業」に位置する、
連携可能な相談支援関係者につなぐ「多機関協働事業」や継続的な
伴走による支援を行う「アウトリーチ等を通じた継続的支援事業」
および、社会との関係性が希薄化している相談者が新たなつながり
や参加出来る場所を見いだす支援を行う「参加支援事業」、このほ
か、地域づくりをコーディネートする「地域づくり事業」を相互に
重ね合わせながら、市町村全体の体制として本人に寄り添い、伴走
する支援体制の構築を目指すための整備事業である。

　社会福祉法は、市町村に対し、地域生活課題の解決に資する支援
が包括的に提供される体制を整備する努力義務を課している（第

106条の3第1項)。そして、地域生活課題の解決に資する包括的な支援体制を整備するため、重層的支援体制整備事業を行うことができるとしており（第106条の4第1項）、事業への取り組みについては、市町村に委ねられている。

　なお、市町村によっては、「地域包括ケアシステム」の基盤活用、「生活困窮者自立支援事業」、「孤独・孤立対策事業」などの別事業を活用し、ヤングケアラー支援のための重層的な地域包括支援体制の整備を展開している自治体も存在している。

3. 地域におけるヤングケアラーおよびその家族を支える支援

(1) ヤングケアラー自身を守ることの難しさ

　ヤングケアラーおよびその家族の自助と近隣住民の支援について鑑みると、今般は、核家族化など家族成員の減少に伴う支える力の低下や、共同力の低下について指摘されている。

　実際、家族成員が少ないと、ひとたび児童の家族の誰かが疾病や障害になれば、助けてくれる大人がいない。このことにより、孤立や孤独、家族機能を行うための人手が不足し、子どもとしての生活が難しくなるのは容易に想像ができる。このように社会的関係性の貧困になりやすい。または貧困状態にあるヤングケアラーは、直接的な身体介護、洗濯や食事などの家事一般の役割以外に、学校行事とサービスの連絡調整などの調整機能、社会保障手続きなどの契約や支払い補助機能、家計管理機能、労働経済機能といった日々の家族機能を担わされる場合がある。高校生あたりになると、身体的に成長しているため1人の大人としてみなされやすく、労働経済的機

能を果たさざるを得ないといったことが生じる。

　また、家族機能を果たす負荷がかかっても、SOSを自ら出すといった受援力について期待できない子どもがいる。千葉県・一般財団法人地方自治研究機構「ヤングケアラーの実態調査とその支援に関する調査研究」（以下、千葉県ヤングケアラー報告書）によると、ヤングケアラーが相談する相手としては、家族、友達、教員が多くを占める。一方で、世話をしている家族について、相談経験がある子どもは1割であった。相談しない理由として、「誰かに相談するほどの悩みではない」が約5割、「相談しても状況が変わるとは思わない」が1割いる。また、悩みを聞いてくれる人がいないと回答した者は、3人に1人程度いた。表現することの難しさ、家族を守ろうとする心理を鑑みれば、人に頼ることの難しさを抱えた児童生徒が存在する。

　こうした児童に対し、家族の知人、PTA仲間や友人、近隣住民が気づいて支援してくれることもあるが、自ら頼ろうとしない場合、ヤングケアラーには支援が届かない。また、支援をすることに負荷がかかる場合、善意に基づく支援は、財政的、継続性の課題が残る。

（2）地域住民による支援

　地域にはさまざまなボランティア活動が存在する。たとえば、地縁型のボランティアには住民活動としての自治会活動、地区社会福祉協議会、民生委員・児童委員、子ども会、消防団、青少年協議会、教育後援会などがあり、住民同士の支え合いの中でヤングケアラーおよびその家族に対し支援が行われている。近年は少子化や労働環境の変化、プライバシー保護、生活スタイルの変化などにより、共同体機能の低下が見られ、支え合う機能がうまく働かない場合が存在する。

　一方、目的型のボランティアにおいては、子ども家庭の問題に興味や関心を持った方々が個人的または組織的にボランティア活動を行っている。実際、新聞や報道、社会福祉協議会や市区町村の市民活動の呼びかけに賛同し、当事者であった方々などが、ヤングケアラーおよびその家族を支えるボランティア活動を展開している。たとえば、フードバンク、子ども食堂、情報機器を活用し支援情報の発信、こどもサロンなどを運営するボランティアやNPO法人などが存在する。

　支援主体が、ヤングケアラーおよびその家族とボランティアとの接点をどのように作るか、そして、支援主体の活動支援として、ヤングケアラーおよびその家族の継続的参加の支援ができる場づくりをどのようにするかといった点については、必要に応じて市区町村が協働して検討、工夫する必要がある。なぜならば、ヤングケアラーはそもそも時間がとられている状況、つまり、他者との交流をする時間をとれない状況があり、自ら出向いて何かをすることもままならないこともあるからである。子どもゆえに親以外の知らない人との交流や支援方法の不明確さゆえの心理的ハードルの高さもあることも容易に想像できる。このような心理的・社会的な面に配慮しながら、チェックアプリ、電話、SNSなど情報ツール活用、窓口対応、さらにアウトリーチ（訪問支援）や参加支援を行うことが重要である。

（3）事業者団体、NPO法人などの民間の支援主体による支援

　民間の事業者団体により、ヤングケアラーを含む児童への支援活動が行われてきた。近年では、SDGsの推進のもと、さまざまな業種の民間の支援主体が、NPO法人、一般社団法人などの法人格を

取得し、民間事業者として事業展開している。さらに、NPO法人等の経営をバックアップする事業者の参入、行政との委託契約の締結などが行われ、活動の継続性と生産性の向上がみられている。

　官公庁のホームページによれば、これら民間事業者の支援主体は、その活動や事業の目的に沿って、ショートステイ、シェルターなどの一時宿泊や保護、子どもの居場所づくり、SNSでの情報発信や相談支援、フードバンクなどの食糧や物品支援、寄付金や物品受付、フリースクールなどで学ぶ機会の提供、ヤングケアラーをはじめとするケアラー同士のオンラインサロンといったピアサポートの機会提供、ワークキャンプなどの体験を通した育成事業などを行っている。

4. ヤングケアラーおよびその家族を支える公的機関の概要

（1）福祉事務所等

ア．福祉事務所[5]

　福祉事務所は、社会福祉法第14条に規定されている「福祉に関する事務所」をいい、社会福祉6法に定める生活保護、児童家庭（助産、保育、母子家庭など）、高齢者、障害者、地域住民の福祉を図るための第一線機関として、都道府県および市が設置義務を負い（町村は任意設置）、さまざまな制度手続きのほか、通告の受理、相談、支援、調査、評価などを行う窓口である。また、福祉施設の長

5　厚生労働省雇用均等・児童家庭局総務課「子ども虐待対応の手引き第12章関係機関との協働」（2013年8月改正）224頁　https://www.mhlw.go.jp/seisakuni tsuite/bunya/kodomo/kodomo_kosodate/dv/dl/130823-01c_014.pdf（2023年6月14日最終アクセス）

は、虐待や経済的困窮者支援のために一部施設への措置権限を有する。なお、都道府県の設置する福祉事務所は、児童虐待防止法第6条の子ども虐待に係る通告の受理機関であるとともに、児童福祉法第25条の要保護児童通告の受理機関となっている。

　児童虐待に関する相談・通告への対応は、相談・通告受付票に必要事項を記録、市区町村によってはアセスメントシートを用いた緊急受理会議などを実施し、調査の方針、方法等について組織的に判断・決定・実行する。その後の調査等を踏まえてケース検討会議において援助方針を決め援助を実施する。

　近年は、高齢、児童、障害、子ども家庭福祉などの窓口とは別に、分野を問わず、複合的な課題に対する相談窓口の一本化として、ワンストップ型の総合相談センターを設置する市町村がある。

イ．家庭児童相談室[6]

　福祉事務所には、家庭児童の福祉に関する相談や指導業務の充実強化を図るため家庭児童相談室が設置されている。主に比較的軽易な相談を担当し、社会福祉主事と家庭相談員が相談に応じて援助することとされている。その設置、運営については、「家庭児童相談室設置運営要綱」の「家庭児童相談室の設置運営について」に基づく。近年の子ども家庭問題が複雑化するなかで、地域の中心組織（機関）として機能することが期待されている。

ウ．要保護児童対策地域協議会（以下、要対協）[7]

　要対協とは、要保護児童の適切な保護を図るため、関係機関等に

6　「家庭児童相談室の設置運営について」（昭和39年4月発児第92号）
7　厚生労働省「要保護児童対策地域協議会設置・運営指針」（2020年3月31日）

より構成され、要保護児童およびその保護者に関する情報の交換や支援内容の協議を行うものである。福祉事務所において調整機関の役割を担う場合、具体的には要対協に関する事務、要保護児童等の状況把握、支援が適切に実施されるよう検討・調整を行う。必要に応じて、児童相談所その他の関係機関等との連絡調整も行う。状況に応じて、児童相談所との体制に狭間_{はざま}ができることのないように留意する必要があるが、福祉事務所は、助産、保育、生活保護、母子家庭、障害者、高齢者等の家庭のさまざまな情報が集積する機関であることに留意しておく必要がある。

なお、「千葉県ヤングケアラー報告書」では、要対協におけるケース登録件数は、2020年度で15,281件であった。うち「ヤングケアラー」と思われる子どもの件数は同年度で126件であった。要対協への橋渡しとして、「市町村教育委員会経由」（38.9％）、「学校から直接」（38.9％）と「教育機関」からの通告が約78％を占める。また、要対協以外の外部機関へのつなぎ方として、「学校からの直接連絡」（58.3％）、「市町村教育委員会経由」（21.2％）と約80％が「教育機関」からとなっている。

文部科学省と厚生労働省「ヤングケアラー支援に関する令和4年度概算要求等について」によれば、表面化しにくいヤングケアラーの孤独・孤立を防ぎ、継続した相談・支援体制を構築するためヤングケアラーに気づく体制構築に向けた実態調査・研修を行うヤングケアラー支援体制強化事業やヤングケアラー相互ネットワーク形成促進事業が創設され、モデル事業としてコーディネーターやピアサポート等相談支援、オンラインサロンの運営・支援といったヤングケアラー支援体制強化事業、子育て世帯訪問支援モデル事業が開始された。また、スクールカウンセラーやスクールソーシャルワーカーによる教育相談体制の充実が挙げられ、配置時間を週1回3時

間から週2回3時間に拡充し、スーパーバイザーの増員が認められた。

このことから、今後は、ヤングケアラーである子どもの生活圏に常にある「教育現場」が、①ヤングケアラーの心理的な反応の理解、②ヤングケアラーのSOSの声を傾聴、③ヤングケアラーの家族に複雑な課題がある場合には、ヤングケアラーやその家族の意向に沿った意向確認支援、④関係機関と情報を共有し、支援調整を行う組織づくり、⑤管理者はじめ教員の意識の醸成が必要である。また、教育行政を含む行政機関が庁内連携し、相談支援体制、生活支援、居場所づくりなどの体制整備もあわせて必要となると考える。

（2）児童相談所[8]

児童相談所は、児童福祉法第12条、第59条の4、地方自治法第156条別表5に基づき、都道府県や政令指定都市等に設置されている。市町村と適切な役割分担・連携をしながら、18歳未満の子どもの健やかな育成、家庭や学校での非行や育成などの問題について、子ども本人や家族・教員・地域住民等からの相談、特に、専門的な知識および技術を必要とするものについて相談を受け付け、調査・診断、助言、支援、一時保護、措置、親権者の親権喪失宣告の請求、未成年後見人選任及び解任の請求を家庭裁判所に対して行っている。子どもや家庭の問題に対し共通の認識のもとに一体的な援助活動が行えるよう、要対協の設置や運営の支援など、市町村と共に関係機関のネットワーク化を推進している。必要に応じて、要対協にて個別ケース会議、実務者会議にて助言や検討を行っている。

---

8 厚生労働省「児童相談所運営指針」子発0330第5号（2022年3月30日付）

（3） 母子保健のためのセンター[9]

　現在、都道府県保健所と市町村保健センター、母子健康センターが設置されている。市区町村に母子健康手帳交付の委譲（1992年）、「地域保健対策強化のための関係法律の整備に関する法律（1994年公布）」の制定に伴い、母子保健施策が市町村に一元化、母子保健連絡協議会が設置され、支援が必要な母子に対する早期発見、早期支援が行われている。また、2016年児童福祉法等の一部を改正する法律制定において母子保健法が改正され「子育て世代包括支援センター」が設置（努力義務）された。同センターは、妊娠期から子育て期にわたる切れ目のない支援を提供できることを目的とし、保健師等を配置して、妊産婦等からの相談に応じ、「母子保健サービス」と「子育て支援サービス」を一体的に提供できるよう、必要な情報提供や関係機関との調整、支援プランの策定等を行っている。

（4） 子育て支援のためのセンター[10]

ア．子ども家庭総合支援拠点

　2016年児童福祉法等の一部を改正する法律に基づき、市区町村設置（努力義務）されている。地域を基盤にしたソーシャルワークの機能を担い、すべての子どもとその家庭および妊産婦等を対象として、その福祉に関し必要な支援に係る業務全般を行う。特に、要支援児童および要保護児童等への支援業務として危機判断と対応、調査、アセスメント、支援計画の作成、支援および指導、関係機関

9　「地域保健対策強化のための関係法律の整備に関する法律（1994年公布）」
10　厚生労働省「令和4年7月・8月に実施した自治体向け改正児童福祉法説明会の資料児童福祉法等の一部を改正する法律（令和4年法律第66号）の概要」https://www.mhlw.go.jp/content/11900000/000987724.pdf（2023年6月14日最終アクセス）

連携、都道府県（児童相談所）による指導措置の委託を受けている。

イ．児童家庭支援センター（児家セン（じかせん））

1997年児童福祉法改正により第44条の2第1項に定められ、18歳までのすべての子どもと、子どもがいる家庭の支援を目的に、児童相談所よりも身近な相談窓口として、児童福祉施設に併設する形で全国に設置された。主な2つの機能として「子ども・子育て支援サービスの提供」と「子どもと家庭の総合相談」がある。2022年6月15日現在、全国167センターが協議会に加盟している。なお、東京都は、「児童家庭支援センター」の名称で設置している。

事業内容としては、

- ・児童に関する相談のうち、専門的な知識および技術を必要とするものに応じる
- ・市町村の求めに応じ、技術的助言その他必要な援助を行う
- ・児童相談所において、施設入所までは要しないが要保護性がある児童、施設を退所後間もない児童等、継続的な指導措置が必要であると判断された児童およびその家庭について、指導措置を受託して指導を行う
- ・里親およびファミリーホームからの相談に応ずる等、必要な支援を行う
- ・児童相談所、市町村、里親、児童福祉施設、要対協、民生委員、学校等との連絡調整を行う

である。

その他、社会的養護施設と地域とをつなぐソーシャルワーク拠点として、子育て短期支援事業の利用調整、市町村の実施する乳幼児健診事業に出向きその運営を支援、要対協の機能強化や児童虐待防止に関する研修協力等、各々のセンターがさまざまな地域ニーズに

応じ多彩な地域支援事業を展開している。

（5）児童福祉と母子保健および子育てサービスの一体化

ア．「こども家庭センター」の設置（2024年新設）

　2022年児童福祉法改正等の一部にて「こども家庭センター」が新設（2024年）される。既存の情報共有および適正な支援実施の強化のため「子ども家庭総合支援拠点」（2016年設置規定）と「子育て世代包括支援センター」（2017年設置規定）を一本化し、2024年4月から、市区町村に子育て世帯を包括的に支援する「こども家庭センター」の設置を努力義務化した。これにより、妊娠・出産・子育てに関する相談に応じ、保健・医療・福祉・教育等の地域の関係機関による切れ目のない支援の強化を図る。なお、この名称は法定上の名称であり、各自治体で独自名称も可能となっている。また、子どもや妊産婦等に利用しやすい形となるよう、物理的な場所の一本化は求めず、情報が確実に共有され、組織として一体化支援できる体制になっていれば、「こども家庭センター」という扱いにするといった柔軟な体制整備が示されている。業務としては、

- ・保護者が育児の負担を軽減する目的で利用する「一時的な預かり施設の紹介」
- ・子どもが家庭や学校以外で安心して過ごせる「居場所づくりの支援」
- ・虐待の疑いがある家庭について児童相談所に伝えて協働するなど、他の機関との連絡調整の役割を担う

が加えられた。

イ．生活支援策（既存事業の拡充）

　2022年児童福祉法等の一部を改正する法律制定に基づき、子育て世帯に対する包括的な支援のための体制強化がなされた。その中で、生活支援に関し、既存事業の拡充が次のように図られた。

- ・子育て短期支援事業では、今回、保護者が子どもと共に入所・利用
- ・一時預かり事業では、今回、子育て負担を軽減する目的（レスパイト利用など）での利用

が可能となった。

ウ．生活支援強化策（新設）

　子ども・子育て支援法第59条第8号にある「要保護児童等に対する支援に資する事業」として、次の事業が新設される。

- ・子育て世帯訪問支援事業（訪問による生活の支援）
- ・児童育成支援拠点事業（学校や家以外の子どもの居場所支援）では、養育環境等の課題を抱える主に学齢期の児童を対象とし、児童の居場所となる拠点を開設し、居場所の提供、食事の提供、生活リズム・メンタル面でのかかわり、学習支援、関係機関との調整等、児童に生活の場を与えるとともに児童や保護者への相談等を行う。
- ・親子関係形成支援事業（親子関係の構築に向けた支援）では、要支援児童、要保護児童およびその保護者、特定妊婦等を対象とし、講義・グループワーク・ロールプレイ等の手法で子どもとのかかわり方を学ぶ（ペアレントトレーニング）等、親子間の適切な関係性の構築を目的とし、子どもの発達の状況等に応じた支援を行う。

図表 7 - 2 　こども家庭センターの設置とサポートプランの作成

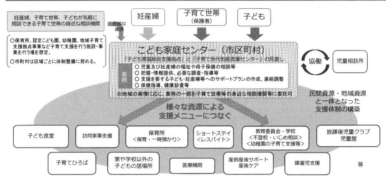

出典：厚生労働省資料「児童福祉法等の一部を改正する法律（令和４年法律第66号）概要」2頁

エ．統括支援員配置

　「安心こども基金」を活用し設備や統括支援員の配置に対する予算措置も講じられ、市区町村において母子保健と子育てサービスとを一体化できる体制を早期実現できるよう国は財政的な支援を行うことになっている。

5. 行政によるヤングケアラー把握から支援実施フロー

（1）相談支援フロー

　厚生労働省は、生活困窮者自立支援（図表７－３）等にかかわり、

図表7－3　生活困窮者自立支援事業のフロー

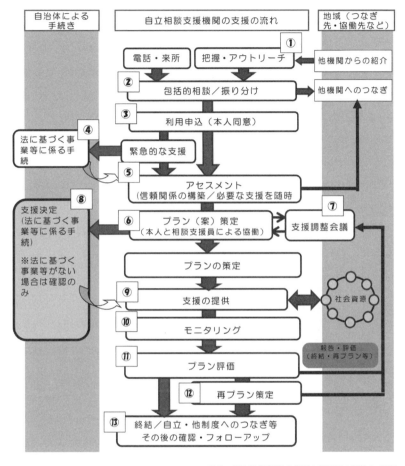

出典：厚生労働省「自立相談支援事業の手引き」19頁

相談支援のフローを提示している。基本は、来訪、電話、メール、SNS、アウトリーチや参加支援等による発見や把握、意思確認、相談受付、支援会議、責任主体の明確化、支援実施、モニタリング、そして、地域住民などの支援主体によるゆるやかな見守り体制や具体的支援などの地域基盤づくりが重要となるといえる。

図表7−4 ヤングケアラー支援のフロー

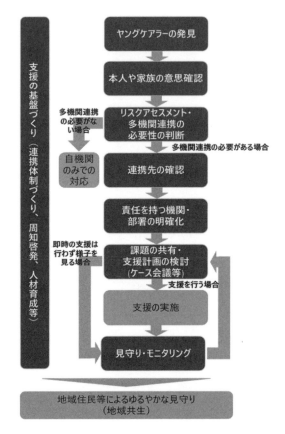

出典：有限責任監査法人トーマツ「多機関・多職種連携によるヤングケアラー支援マニュアル」
10頁の図を一部修正して転載

　なお、ヤングケアラーについても、支援フローが示されている（図表7−4）。ヤングケアラーを発見してから支援が実施されるまでの基本的な流れを理解することができる。

（2）行政の相談窓口に至るまでの難しさ

　ヤングケアラーを把握し、公的なサービス受付窓口である市区町

村の支援部局（主に福祉事務所）に至る相談経緯としては、大きく分けて①ヤングケアラーおよびその家族、②身近な人々、③支援活動を行っている支援主体、④教育機関を含む庁内機関からという4つのルートが想定される。ただし、「ヤングケアラーの支援に向けた福祉・介護・医療・教育の連携プロジェクトチーム」のとりまとめ報告によれば、「家族の世話についての相談先として『役所や保健センター』と答えた中高生はほとんどいないことから、子どもにとって、役所など公的機関への相談は、心理的なハードルが高いことがうかがえる。」[11]と述べられている。このことから、ヤングケアラーおよびその家族が、支援主体の支援に至る要件として、公的機関に相談すると、どのような支援を受けることができるのかということについて、中高生がイメージ可能な内容での啓発が必要といえる。

（3）発見や把握から対応するための組織体制

ヤングケアラーを発見・把握しやすいのは、子どもと接する時間が長い小中高および専門学校、認定こども園、保育所、幼稚園である。これら以外では、児童館など子どもが利用している支援主体、介護状態にある家族の支援主体、医療機関などが挙げられる。

ヤングケアラーの発見・把握によって相談を受ける行政窓口では、相談の受理、調整、対応を行うことになる。相談や支援情報を一元化せずに各部署で対応とする市町村もある一方、複数の課題を抱える世帯に対する支援の困難さから、庁内組織体制の編成を行い、分野、領域を問わないワンストップ型の総合相談窓口、子どもおよび

11　厚生労働省子ども家庭局家庭福祉課虐待防止対策推進室ほか連名事務連絡「ヤングケアラーの支援に向けた福祉・介護・医療・教育の連携プロジェクトチーム」のとりまとめ報告について」（2021年5月26日付）5頁

その家族に特化した支援センターの設置を行い、情報が集約できる体制を整えている市町村もある。このように一口に相談窓口と言っても、市区町村により、支援主体の支援のあり方や体制が異なる。

　ただし、筆者の経験則として、ワンストップ窓口としての総合相談センターには、ヤングケアラーおよびその家族のみならず、さまざまな分野、職種、立場の支援者から支援依頼、複合的な課題を抱えた者に対する助言や調整、相談があり、相談内容の「困難性」、「支援集中と人員のアンバランス」に苦慮することがある。

　そのため、情報の一元化機能、具体的支援調整機能、支援機関の統括機能、政策形成機能、研修機能、スーパービジョンを果たす部署や担当者が必要となると考える。

（4）多機関・多職種連携・協働の体制づくり

　今般、行政庁内の部署間で情報の共有がなされずに虐待などの悲惨な事例が発生しないような意識醸成と重層的で包括的な支援体制の整備が急がれ、さまざまな支援機関および専門職との多機関・多職種連携・協働の推進が求められている。

　市町村によっては、庁内編成、既存の事業や基盤をもとに、地域包括ケアシステムや生活困窮者自立支援法などの個別ケア会議、ネットワーク会議または協議会、諮問機関の設置など調整や協議する機能の強化を展開している。また、ICT活用にて情報発信、情報の共有化、地域住民やボランティア、NPO法人および民間事業者、公的サービスを担う支援機関と見守りネットワーク協定を組むなど、公私協働の体制を整え、地域住民支援体制の整備が行われている。

（5）支援主体が行う配慮

　支援主体が留意すべきこととして、ヤングケアラーの心理がある。ヤングケアラーにとっては、相談と支援は表裏一体であり、相談をしても、ニーズに気づいてもらえない（理解してもらえない）、支援連携が途切れる、支援機関によるたらい回し、支援策がなく解決されない等による二次障害ともいえる受援力の低下が懸念されるところである。

　相談しても何も変わらないので相談しても仕方ない、我慢といった受援力の低下を生じさせた場合、次に支援者のところに来る頃には、支援の難易度が高くなることが懸念される。

6. 既存の分野別、領域別の公的サービスの活用

　ヤングケアラーの支援においては、既存の制度や体制および基金を活用し、早期発見、相談支援、関係機関連携、生活支援、居場所づくり、権利擁護のための支援策が整備されてきている。そこで、保健・医療・福祉による早期支援のための方策について述べておく。

（1）高齢分野とヤングケアラー支援

　ヤングケアラーがいる場合、介護保険法施行規則第12条において、支給決定の際に勘案すべき事項として「介護を行う者の状況」等を規定している。

　この「介護を行う者の状況」については、「介護を行う者がいる場合に居宅介護等の介護給付費の支給を行わないという趣旨ではなく、介護を行う者の状況に配慮したうえで行っていただくよう留

意」[12]と明記されていた。しかし、徹底しておらず、ヤングケアラーに対する配慮について再度周知徹底が呼びかけられている。今後は、地域包括支援センターでの相談支援が強化される。

（2）障害分野とヤングケアラー支援

居宅介護（家事援助）、重度訪問介護のサービス提供に際し、育児をする親が十分に子供の世話をできないような障害者である場合の「育児支援」の取り扱いが示された。算定条件としては、利用者が子どもの保護者として本来家庭内で行うべき養育を代替するもので、①利用者（親）が障害によって家事や付き添いが困難な場合、②利用者（親）の子どもが1人では対応できない場合、③他の家族等による支援が受けられない場合のすべてに該当することとされている[13]。

また、相談支援従事者研修にヤングケアラー発見のための着眼点や対応の追加、サービス担当者会議の開催にあたって、家族の通学する教育機関等の担当者を含めるなどの連携およびモニタリング強化、医療・保育・教育機関等連携加算が算定されることとなった[14]。

（3）保健および医療分野とヤングケアラー支援

診療報酬改定による加算措置によりヤングケアラー支援の促進が行われている[15]。

---

12 厚生労働省社会・援護局障害保健福祉部長通知「介護保険給付等の支給決定について」（2007年障発0323002号）
13 厚生労働省社会・援護局障害保健福祉部障害福祉課事務連絡『障害者自立支援法上の居宅介護（家事援助）等の業務に含まれる「育児支援」について』（2009年7月10日付）および「障害者総合支援法上の居宅介護（家事援助）等の業務に含まれる「育児支援」の取扱いについて』（2021年7月12日付））
14 厚生労働省社会・援護局障害保健福祉部障害福祉課事務連絡「「ヤングケアラーの支援に向けた福祉・介護・医療・教育の連携プロジェクトチーム」のとりまとめ報告を踏まえた留意事項等について」（2021年7月12日付）

①入退院での把握と支援

　具体的には、患者が医療機関に入退院する際、患者の家族などに
ヤングケアラーがいないかどうかを把握するとともに、必要に応じ
て診療所や自治体の福祉窓口などに情報を提供した場合、加算がつ
くようにした。また、病院から退院後も、外来や在宅医療を通じて
継続的に支援できるようにするため、医療機関の連携を強化するた
めの「入退院支援加算」措置が2018年度に創設されている。さら
に、2022年度診療報酬改定では「入退院支援加算」の要件が「家
族に対する介助や介護等を日常的に行っている児童」などを加算の
要件となった。

②きょうだいのケア

　人工呼吸器による呼吸管理、喀痰吸引等の医療的ケアを受ける児
童に対し「医療的ケア児及びその家族に対する支援に関する法律
（医療的ケア児支援法）」（2021年6月18日公布・同年9月18日施
行）が議員立法で成立し、各自治体で相談窓口の設置などが進んで
いる。2021年度障害者福祉サービスの報酬改定では、医療的ケア
児を受け入れる事業所に対する報酬などが創設された。また、
2022年度診療報酬改定では、医療的ケア児が学校に安心して通え
るようにするため、医師が診療情報を保育所や児童相談所などに提
供した場合は「診療情報提供料Ⅰ」、医療的ケア児に対する専門的
な薬管理についても、加算措置が設けられた。

15　厚生労働省保険局医療課「令和4年度診療報酬改定の概要 入院Ⅳ」（2022年3
　月4日版）https://www.mhlw.go.jp/content/12400000/000920427.pdf
　（2023年6月14日最終アクセス）

③親の疾病との両立支援

　今般、親の治療と仕事の両立支援に関しても制度改正が実施された。2018年度診療報酬改定ではがん患者の治療と仕事の両立を推進する観点から、主治医が産業医と連携した場合、「療養・就労両立支援指導料」が創設された。2020年度診療報酬改定では、脳卒中、肝疾患、指定難病を、2022年度改定では、心疾患、糖尿病、若年性認知症も対象に加えるなど、対象者の見直しが行われている。

（4）生活困窮者自立支援法とヤングケアラーおよびその家族の支援

　ヤングケアラーを含めた子どもおよびその家族の貧困および社会的孤立等に対する対策として、生活困窮者自立支援法に基づく事業が行われている。年齢や対象領域を問わない自立相談支援事業、就労準備支援事業、家計改善支援事業、住居確保給付金、一時生活支援事業が実施され、市町村任意事業として居場所づくりとしてのこども食堂、学びの確保として教育支援事業などが実施され、地域づくりを意識した取り組みが続けられている[16]。

7. 多様な支援主体による ヤングケアラー支援の課題

（1）ヤングケアラーの把握から支援までの連続性

　担当エリアによる対応人数にもよるが、1つの相談支援機関が担

16　厚生労働省社会・援護局「生活困窮者自立支援制度に係る自治体事務マニュアル第12版」（2023年3月31日）

当エリア内のすべてのヤングケアラーおよびその家族に気づき、支援することは不可能である。ヤングケアラーにかかわる者、ヤングケアラーのその家族を支援する者と連携・協働することが欠かせない。特に、子どもがSOSを発する可能性が高いと考えられる。学校、認定こども園、幼稚園、保育園での取り組みは欠かせない。「把握や発見」から「相談受付」に移行するためには、何より普段のかかわりからの「把握や発見」が重要となる。

　学校など教育機関がヤングケアラーだと気づける方法として、法定の健康調査票や世帯調書等の書面、個人面談、普段のかかわりがある。

　これらのツールをどう活用するか、また、ヤングケアラーだと気づいた場合の情報共有、アセスメント分析、ケース会議と支援の方向性、支援意向や同意確認、必要に応じて教育委員会や要対協へ通告するまでの体制フローを組織として考える必要がある。

　今後は、教育機関外の制度および公的サービスの見直しにより、住居、労働、高齢、障害、児童、保健、医療、地域活動などの多機関・多分野の支援機関が意識的に支援にかかわるようになる。これら機関では、アセスメントシート開発や支援体制が推進されており、そうなれば、教育機関で発見・把握されなくとも、教育機関には何らかの支援依頼が来ることは必然である。多機関と連携する場合は、現状の確認、支援の必要性を本人と保護者に説明し、支援希望の意向を確認する必要がある。また、個人情報の取り扱いについて説明する義務が発生するが、個人情報の取り扱いについての説明書と同意書を用いるといった対策も必要である。教育機関も行政組織として、アセスメントシートや連携のためのルールおよびフロー、評価のあり方を検討する必要がある。

　なお、相談窓口への連絡に関して、保護者の同意があればよいが、

保護者の同意が得られなくとも、要保護児童および要支援児童の公衆衛生、子どもの健全育成に必要な場合は法令に基づき、要対協において個人情報を取り扱い、守秘義務のもと要対協の関係機関の間で個人情報を含めた情報共有が可能と整理されている。

（2）分野別、領域別制度における狭間の解消

　ヤングケアラーおよびその家族の支援においては、複合的な課題を抱えている場合がある。そのため、制度および支援機関が連動、連携しながら取り組む必要がある。今般、ヤングケアラーを中心とした支援策として、既存の制度を見直し、ヤングケアラーおよびその家族の早期発見と把握、相談支援、生活支援、親子形成支援策の新規事業および拡充が図られている。ヤングケアラーが声をあげやすい環境、自己肯定感、介護者としての役割期待からの脱却、他分野の制度の理解や利活用、多機関・多分野連携における情報共有や調整といった課題が存在する。そのため今般は、法律と法律の狭間の解消を目指す支援策を整備しているが、支援と支援をつなぎ合わせるのは人と体制である。ヤングケアラーの理解、ヤングケアラーの心理に配慮したつなぎ方を意識し、支援と支援をつなぎ合わせようとする人の意識醸成および支援人財の育成が必要となる。実際、「事務連絡」にて、介護保険では必要に応じて介護について勘案すべきと周知されているが、ヤングケアラーを介護者とみなし、不適切な対応の事案があった。また、分野別、領域別の支援に重点を置くと他分野、他領域の動向が支援者に意識されにくい状況がある。分野別、領域別の支援といった支援主体の意識が制度の狭間を生じさせることがあるので、まずは、ヤングケアラーおよびその家族の支援をもとに、子どもの権利擁護を意識し、支援のあり方について研修を行い、新たな事業のみならず、既存の大事な事項について周

知徹底する必要があると考える。

（3）地域を基盤とした包括的な相談支援体制の整備

①行政内の庁内連携

　ヤングケアラーをはじめ児童のSOSの声が、たとえば、教育行政単体で完結していたものが、今般は、支援事業の法定化および一体化、包括支援体制整備に向けて庁内連携、地域内の多職種連携・協働、協議・調整強化が示されている。

　先ほど述べたように、相談窓口として高齢、障害、児童などの担当職員を配置したワンストップ窓口として総合相談センターを設置する市区町村はあるが、多様な分野、職種、立場の支援者から支援依頼、複合的な課題を抱えた相談があり、対応に苦慮する場面もある。そのため、ワンストップ窓口である総合相談で一時的に相談を受付し、内容を選択して対応するとともに、分野、領域をまたぐような複合的な支援が必要な者の対応は一義的に相談を受けた窓口で解決を図るが、難しい場合には、ソーシャル機能を備えた統括者を中心に協議し、サービス調整会議を行う体制を整えることも必要である。

　現在、市区町村においては、行政一般職以外に、社会福祉士、保健師などの専門職を主に福祉事務所に配置している。虐待事案や複合的な課題を抱えた者の支援や地域基盤づくりには、相当の専門知識と技術が求められ、スーパービジョン、統括支援者となれる職員の育成システムが必要である。

　情報共有にあたり、個人情報の保護に配慮する必要がある。意向確認と支援の同意確認を必ず行い、そのうえで支援する必要がある。また、市町村には、支援を必要とする者と同じ市区町村に住む職員

もいることから、人権に配慮し限定された人員での情報共有や情報のアクセス権限のルールづくりといった工夫が求められる。これら新しい体制は、政策合意と条例にて庁内組織変更が伴うものであり、地域住民はじめ支援主体者に対して周知、協力の依頼が不可欠となる。

②地域と共に新たな価値・支援策を育む体制整備

さまざまな支援主体が、ヤングケアラー支援の過程を通して、ヤングケアラーおよびその家族が置かれる立場、心理状況、生活問題、人権侵害（健康権、教育権の侵害、児童虐待等）について認識、理解し、問題に対しできることを模索し、連携、協働して工夫しあう土壌をつくること（地域の基盤づくり）が重要である。ヤングケアラーおよびその家族と顔の見える関係があることから、気づき、そこから相談支援、居場所などの参加支援、生活支援、教育支援などの具体的支援が提供され、支援機能が充実していくのである。

ただし、多様な支援主体と連携、協働する場合、ヤングケアラーとしてレッテルを貼ること、情報共有の漏れ、支援窓口でのたらい回し、支援の漏れ、個人情報の不適切な取り扱い、統括の不存在に留意すべきである。特に、多機関、多職種協働する場合は、支援を行う統括者が不明瞭、互いの役割が不明確になることが懸念されるため、支援主体内での統括責任の所在、役割を明らかにする必要がある。

このような問題に対し、支援の中核となり、責務を果たす支援部署および協議体の設定、スーパービジョン研修および統括支援員の配置など体制づくりが欠かせない。また、市町村は、さまざまな支援主体を把握し、互いに連携・協働する体制づくりが欠かせない。そして、研修などで保障制度を学ぶ機会の提供、SNS、アプリを

用いた当事者組織のオンラインサロンといった参加、交流の場の支援など、変化が激しい制度動向ゆえに、ヤングケアラーおよび支援者の立場に立った情報提供や参加支援への工夫が必要である。

　また、少子化や若年労働人口が減少している地域においては、支援関係団体や支援機関の経営の問題が発生している。バックアップしてくれる体制が少なければ、公私ともに支援の量と質の確保および継続性に影響を及ぼすため、事業の継続性にも配慮する必要がある。

　支援主体による支援は、第一義的にはヤングケアラーおよび家族の生活保障、教育保障および権利擁護であるが、ヤングケアラーおよびその家族の支援者が安心、安全に支援を行えるような組織や地域の包括支援体制の構築が必要であり、支援者の労務環境整備を含めた地域包括支援体制整備が求められる。

第8章

保健・福祉・教育の 連携のあり方
― 関係機関はどのように連携ができるか ―

1. ヤングケアラー支援における多機関・多職種連携の必要性

2022年3月に公開された「多機関・多職種連携によるヤングケアラー支援マニュアル～ケアを担う子どもを地域で支えるために～」（以下、支援マニュアル）[1]のタイトルにあるように、ヤングケアラー支援において「多機関・多職種連携」と「子どもを地域で支えること」は欠かすことのできない要素である。

多機関・多職種連携がなぜ欠かせないのか、支援マニュアルには「ヤングケアラーの課題は家族が抱える課題が複合化したものであること」と「家族の状況に応じた既存の支援の組み合わせが重要であること」の2点が記載されている。たとえば、仮想事例の小学校6年生Aさんの場合[2]（図表8－1）、精神疾患を有している母親、離婚して出ていった父親、認知症症状のある祖母、寝たきりの祖父、それぞれが課題を抱えていること、祖父母や母は何らかの形で保健、医療、福祉等の専門職との接点を持っていることが容易に想像できるだろう。同時に小学6年生のAさんへの支援が公的なサービスだけでは行き届かず、Aさんを地域で支えることが欠かせないことも容易に想像できよう。

本章では、「多機関・多職種連携」と「子どもを地域で支えること」の必要性が明快であるにもかかわらず、そのような支援の展開が困難なのはなぜか、関係機関や関係職種はどのように連携できるのかについて考察する。

---

[1] 有限責任監査法人トーマツ「多機関・多職種連携によるヤングケアラー支援マニュアル」（2022年3月）

[2] 有限責任監査法人トーマツ「多機関・多職種連携によるヤングケアラー支援マニュアル」（2022年3月）64頁

図表8－1　Aさん家族のジェノグラム

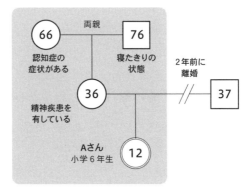

仮想事例

- 対象となる女児Aさんは、小学校6年生。2年前に両親が離婚し、現在は母親、母方の祖父母と同居している。
- 母親は精神疾患を有しており、母方の祖父はほぼ寝たきりの状態。母方の祖母は認知症の症状がある。

出典：有限責任監査法人トーマツ「多機関・多職種連携によるヤングケアラー支援マニュアル」64頁をもとに作成

2. 多機関・多職種連携はなぜ困難なのか

（1）木を見て森を見ず、森を見て木を見ず？

「木を見て森を見ず」という言葉がある。「スーパー大辞林」（三省堂）によれば、「事物の末梢的部分にこだわりすぎて，本質や全体をとらえられないことのたとえ。」と説明がある。「森を見て木を見ず」という言葉は一般的には存在しないが、便宜的に「物事の概要のみを見て、細部を見ないこと」のようにしておこう。ヤングケアラー支援においては（いや、ヤングケアラー支援にとどまらず）、「木を見て森を見ず」と「森を見て木を見ず」のいずれか、あるいは、その両方の事象が生じていることが少なくない。第1節に記載した仮想事例をもとに説明を加える。

第1節に記載した仮想事例には、多くの専門機関、専門職がかかわることが可能である。ざっくり考えても、認知症の症状のある祖

母には、医療機関や地域包括支援センター、寝たきりの祖父には、市町村介護保険部門、在宅系サービス事業所（訪問看護、訪問介護、通所介護、小規模多機能型居宅介護など）、精神疾患を有する母親には、医療機関、保健所、市町村保健センター、市町村障害福祉部門、Ａさんには小学校や教育委員会などが挙げられる（図表８－２）。それらの専門機関は、直接かかわりを持っている家族構成員（祖父、祖母、母親、Ａさん）は見えていても、直接かかわりをもっていない家族構成員の状況は見えていないことが多い。あるいは家族の概要は見えていても、個々の家族の具体的な状況や、かかわりを持っている専門職、専門機関の詳細が見えていることは少ない。

　祖父、祖母、母親、Ａさんを「木」、家族全体を「森」に例えた場合も、個々にかかわっている専門職や専門機関を「木」、家族全体への支援を「森」に例えた場合も、木を見て森を見ず、森を見て木を見ずの状況は、往々にして起こり得る。互いが見えていなければ連携は困難であろう。

（2）互いの専門性の理解と役割の明確化

　多機関・多職種連携は、「家族の全体像」や「個々の家族の具体的な状況」がわかっていても困難なケースがある。今回の仮想事例では、小学校や教育委員会が、Ａさんの向こう側にその母親の姿を確認することは不可能ではなく（むしろ、多くの場合は見えている）、小学校や教育委員会は、保健所や保健センター、市町村の障害福祉部門がＡさんの母親にかかわりを持っていることを知るところまで漕ぎ着くことは、それほど高いハードルではない。

　しかし、その先にもう１つの高いハードルが存在する。それは、互いに他の専門機関やそこに所属する専門職の専門性や具体的な職

図表8－2　Aさん家族にかかわる専門機関

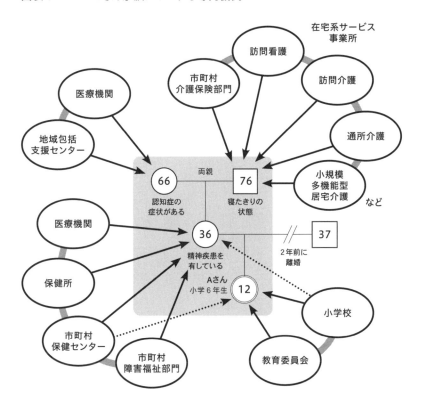

出典：有限責任監査法人トーマツ「多機関・多職種連携によるヤングケアラー支援マニュアル」
64頁の事例をもとに作成

務、組織の秩序を十分に理解していないことである。たとえば、小学校や教育委員会に所属する人々は、保健所や保健センターの機能や所属する専門職と業務内容などを詳細に説明できる人は少ないだろう。今このページを開いている読者の中にも、図表8－2に示した関係機関やそこに所属する専門職の専門性を詳細に説明できる読者は多くはないだろう。市町村保健センターには「保健師」という職種が働いていることを知っている人は多くても、その保健師が何

をする人なのか（何ができるのか）まで説明できる人は意外に少ないのである[3]。もちろん、その逆も然りで、保健所や保健センター、市町村の障害福祉部門の職員は、学校という組織や秩序を理解していないことが少なくない。互いの専門性が理解できなければ、当然、役割を明確にすることはできない。多職種連携の中で自身が担う役割は何かとそれぞれに尋ねると、保健師も看護師も社会福祉士も介護福祉士も、保育士も、幼稚園教諭も、教員も、みな口を揃えて、「橋渡し役です」「マネジメント役です」と答えるような状況が起きてしまうのだ。

（3）医療保健福祉分野の多職種連携コンピテンシー

　多職種連携の実践や教育にコンピテンシーという言葉が使われ始めて久しい。保健医療福祉分野においては、日本保健医療福祉連携教育学会（JAIPE）をはじめとする9学会・職能団体による文部科学省委託事業からの有志による発展的活動により、「医療保健福祉分野の多職種連携コンピテンシー」[4]が開発されている。専門職の連携協働を円滑に進めるための能力を示したものであり、2つのコアドメインと、コアドメインを支え合う4つのドメインから成り立つ（図表8－3）。

　2つのコアドメインとは、「患者・利用者・家族・コミュニティ中心」と「職種間コミュニケーション」である。本章の仮想事例を参照するなら、Aさん家族を取り囲む専門職が、保健、福祉、教育

3　筆者研究室HP掲載、令和4年度保健師コース卒業生作成の「地域で暮らす人々を支える専門職＆専門機関Book」を参考にされたい。
https://www.community-em.net/activities/professions.pdf
4　多職種連携コンピテンシー開発チーム主催「医療保健福祉分野の多職種連携コンピテンシー」（2016年3月31日第1版）

図表8−3　医療保健福祉分野の多職種連携コンピテンシー

ドメイン		定義
コアドメイン	患者・利用者・家族・コミュニティ中心	患者・サービス利用者・家族・コミュニティのために、協働する職種で患者や利用者、家族、地域にとっての重要な関心事／課題に焦点を当て、共通の目標を設定することができる。
	職種間コミュニケーション	患者・サービス利用者・家族・コミュニティのために、職種背景が異なることに配慮し、互いに、互いについて、互いから職種としての役割、知識、意見、価値観を伝え合うことができる。
コアドメインを支え合う4つのドメイン	職種としての役割をまっとうする	互いの役割を理解し、互いの知識・技術を活かし合い、職種としての役割をまっとうする。
	関係性に働きかける	複数の職種との関係性の構築・維持・成長を支援・調整することができる。また、時に生じる職種間の葛藤に適切に対応することができる。
	自職種を省みる	自職種の思考、行為、感情、価値観を振り返り、複数の職種との連携協働の経験をより深く理解し、連携協働に活かすことができる。
	他職種を理解する	他の職種の思考、行為、感情、価値観を理解し、連携協働に活かすことができる。

出典：有限責任監査法人トーマツ「多機関・多職種連携によるヤングケアラー支援マニュアル」
64頁の事例をもとに作成

の垣根を越え、Aさん家族にとっての重要な課題に焦点を当てて共通の目標を設定する能力、専門職としての役割、知識、意見、価値観を、他の職種に理解してもらえるよう、互いにコミュニケーションを取ることのできる能力を意味する。

　4つのコアドメインは、「職種としての役割をまっとうする」「関係性に働きかける」「自職種を省みる」「他職種を理解する」である。熱心なあまり、あれもこれもと手を出してしまうことがあるが、互いの専門性を理解したなら、お互いを信じて、自分自身の役割をまっとうする、職種間に葛藤が生じても、自職種の思考、行為、感情、価値観などを振り返り、他職種の思考、行為、感情、価値観を

理解するよう互いに歩み寄り、連携協働に生かしていく能力を意味する。

　コンピテンシーは「仕事上の役割や機能をうまくこなすために、個人に必要とされる、測定可能な知識、技術、能力、行動、およびその他の特性のパターン」と定義され[5]、人材育成に導入されてきた。生まれながらに備わっている資質や能力とは違い、"Practice"、つまり、反復的に学習することにより習得可能な能力である。近年は多職種連携教育が盛んに行われるようになり、学士課程のカリキュラムに盛り込まれている大学も少なくないが、実践の場での反復的な学習の機会は乏しい。ケースメソッドやスーパービジョンなどを用いた学習の機会を専門職教育の中に多く取り入れていくことが望まれる。

3. 保健・福祉・教育の連携のあり方

（1）ヤングケアラー支援の流れ

　支援マニュアルの「第3章 連携して行う支援のポイント」[6]には、ヤングケアラー支援の一般的なフロー（図表8－4、第7章144頁・図表7－4再掲）を示したうえで、ヤングケアラーの発見、本人や家族の意思確認、リスクアセスメント・多機関連携の必要性の判断、連絡先の確認、責任を持つ機関・部署の明確化、課題の共

5　Jeffery S. Shippmann., et al. The practice of competency modeling. Personnel Psychology. 53(3). p703-740. 2000. doi.org/10.1111/j.1744-6570.2000.tb00220.x

6　有限責任監査法人トーマツ「多機関・多職種連携によるヤングケアラー支援マニュアル」（2022年3月）10〜31頁

図表8－4　ヤングケアラー支援のフロー

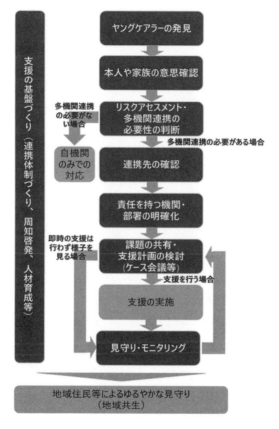

出典：有限責任監査法人トーマツ「多機関・多職種連携によるヤングケアラー支援マニュアル」
10頁の図を一部修正して転載

有・部署の明確化、見守りモニタリング、支援の基盤づくりについ
ての解説がある。本節では、ヤングケアラーの発見と地域住民等に
よるゆるやかな見守りの2つの観点において説明を加える。

（2）ヤングケアラーの発見（支援の入り口）

支援マニュアルには、早期発見、早期支援のポイントが「ヤング

ケアラーではないか？と気づくきっかけの例」と共に丁寧に記述されているが、ヤングケアラー支援においても予防医学の概念を取り入れた対応を提案したい。予防医学の概念とは、健康と疾病との間に明確な境界線を引くことは難しく、予防を「疾病の発生を防ぐ」という意味だけでなく、疾病の進行防止、後遺症を減らすような治療やリハビリテーションも含めて捉えることが必要であるとし、一次予防、二次予防、三次予防として疾病の段階に対応した対策をとる考え方[7]である。

　ヤングケアラー支援における一次予防は、ヤングケアラーの発生防止と将来ヤングケアラーに移行するリスクの高い家族の支援である。二次予防はヤングケアラーの早期発見、早期支援である。三次予防は、ヤングケアラーとして子ども時代を過ごし、育ちや教育に影響を受けた方への支援、家族再統合などに向けた支援である。本書の第2章でも「保護者を支援していくことでヤングケアラーを生じさせない予防効果への期待」について触れられているように、ヤングケアラー支援において一次予防の観点は非常に重要である。

　図表8−5は日本の母子保健対策の体系[8]である。国庫補助事業や一般財源による事業だけをみても、ヤングケアラー支援において要（かなめ）となる市町村が「養育者支援による予防」につなぐチャンスが存在している。ここでは「妊娠の届出（および母子健康手帳の交付）」「保健師等による訪問指導」「妊産婦健診、乳幼児健康診査、1歳6か月児健康診査、3歳児健康診査」の時点を取り上げる。

　妊娠の届出は、これから「出産、育児」に向き合う方と市町村の母子保健担当者が実質的に出会う最初の時点だといってよいだろう。

7　小風暁著、医療情報科学研究所編『予防医学の概念　公衆衛生がみえる2022-2023』（メディックメディア、2022年）4頁
8　一般財団法人厚生労働統計協会『国民衛生の動向 2022/2023』100頁

図表8－5　母子保健対策の体系

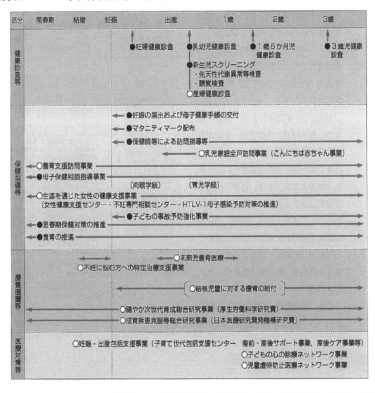

出典：一般財団法人厚生労働統計協会『国民衛生の動向2022/2023』100頁より転載

　妊娠の届出をしない（できない）、あるいは、出産と同時に妊娠の届出をするという人はもちろん存在しているが、妊娠している本人が自身で届け出ることが多いのは間違いない。妊娠の届出に来所する者の背景は実に多様であり、この時点からサポートを必要としている者も存在しているが、母子保健法施行規則に定められた届出の内容は、「届出年月日」「氏名、年齢及び職業」「居住地」「妊娠月数」「医師又は助産師の診断又は保健指導を受けたときは、その氏名」「性病及び結核に関する健康診断の有無」の６項目のみであり、届

出を受ける際に行うべき支援なども規定されていない。そのため妊娠の届出を受ける際の対応は市町村により異なる。子育て世代包括支援センター（法律上の名称は「母子健康包括支援センター」）の設置が法制化され、妊娠、出産、育児を通した一貫した質の高いサービスや、育児不安や育児困難、児童虐待、DV（ドメスティック・バイオレンス）などの予防、早期把握、早期支援に向けた、妊娠の届出時からのきめ細やかな対応が広がりを見せている[9]ものの、生まれてくる子の就学後のことまで視野に入れたアセスメントをしている市町村がどれほど存在しているかはわからない。妊娠届出の際に、どのような情報を得れば先を見越した支援が可能になるのかも含め、妊娠届出時の支援体制の構築が課題といえる。

　保健師等による訪問指導で、母子保健法に基づくものは妊産婦訪問と新生児訪問である。法律、教科書、書籍などで「指導」と書かれているために、「保健師は指導する人、あれこれ指摘して改善させる人」のように言われることが少なくないが、実際はそうではない。妊娠届出の際に、気になることがあれば（気になることがなくても）、保健師は家庭訪問を行うことができる。新生児訪問は乳幼児家庭全戸訪問事業（こんにちは赤ちゃん事業）と抱き合わせで行われている場合が多い。昔から「百聞は一見に如かず」というが、筆者の経験も含めて述べると、「住まい」にお邪魔することで得られる情報は多く、子育て環境や暮らし向き以外にも、「継続的な支援が必要だ」という判断につながる多くの情報を得ることができる。外部の専門職あるいは母子保健推進員など専門職ではない人に訪問活動を委ねている市町村もあることはやむを得ないが、訪問時に得

9　渡邉多恵子「第4節 母子保健」木村容子、有村大士編著『新・基礎からの社会福祉7・子ども家庭福祉［第3版］』（ミネルヴァ書房、2021年）152～157頁

た情報を関係者が確実に共有し、継続支援や乳幼児健診につながることが期待される。

　最後に「妊産婦健診、乳幼児健康診査、１歳６か月児健康診査、３歳児健康診査」について述べる。健診の際の親子の様子や相談援助を通して将来的な支援の必要性を判断するのはもちろんのこと、健診については、保健センター等での集団健診の場合も医療機関健診の場合も「未受診者」への対応が重要である。何度も連絡をしても未受診である場合は、何らかの問題を抱えているリスクが高い。支援マニュアルにもアウトリーチのことが書かれているが、健診を受けることができない者が、今どうしているのか、困難を抱えてはいないか、確認する必要があるだろう。

　以前、司法ソーシャルワークを専門としている方と話をする機会があり、2001年に大阪教育大学附属池田小学校で発生した無差別殺傷事件の話が出たことがある。この事件の犯人の生い立ちをみると、幼少時には「母親のネグレクトや父親のDV」を受けており、小学生になると「いじめや問題行動」が指摘されていた。中学生では「家庭内暴力」、高校生では「教師への暴力」が指摘されており、その後も精神疾患による入退院や傷害などの犯罪など、多くの問題を抱えてきたという。支援の機会は数多くあったはず、悲惨な事件を起こす前に支援することはできなかったのだろうかと、その方は話していた。

　現在、行政と親子の接点は、図表８−５のように数多くあり、そこでは多くの情報が公式記録として関係機関に集積されていく。支援マニュアル[10]に示されているようにヤングケアラーとその家族を支える関係機関は非常に多く多岐にわたる（図表８−６）。母親の妊娠届出時、あるいはそれ以前から集積されている情報を「今、問

図表 8 − 6　ヤングケアラーおよびその家族を支える関係機関

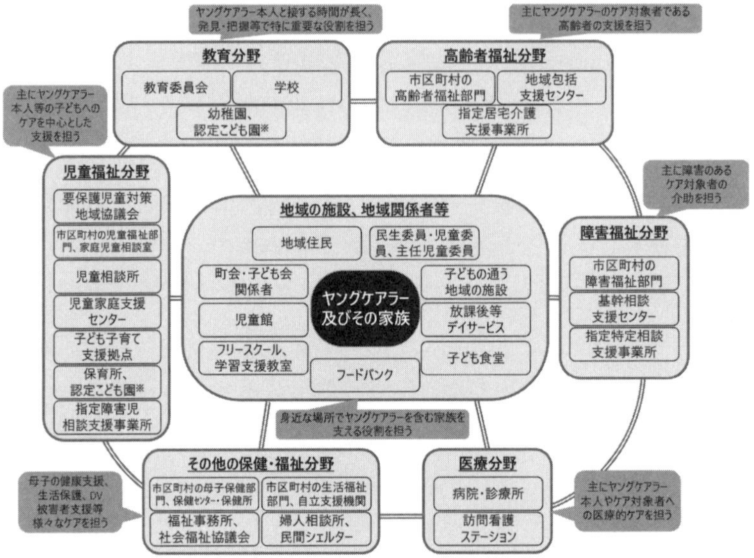

出典：有限責任監査法人トーマツ「多機関・多職種連携によるヤングケアラー支援マニュアル」19頁

題が起きているわけではないけれど、継続的に状況を把握していく必要がある」という情報も含めて、どの時点で誰がどのように共有するのか、情報の管理と共有の仕組みの構築が望まれる。

（3）地域住民等によるゆるやかな見守り

　本書第 1 章にある「ニッポン一億総活躍プラン」の記述にあるとおり、「子供・高齢者・障害者など全ての人々が地域、暮らし、生きがいを共に創り、高め合うことができる『地域共生社会』」の実

10　有限責任監査法人トーマツ「多機関・多職種連携によるヤングケアラー支援マニュアル」（2022年 3 月）19頁

現はもうずいぶん前から掲げられ、保健、福祉、医療などの部門を中心に「地域を基盤とする包括的支援の強化」に向けた取り組みが始まっている。「まち・ひと・しごと創生基本方針」の閣議決定後は、社会保障や地域産業などの領域を超えて、地域の住民や多様な主体が支え合い、地域を共に創っていく方針が明文化され、多くの自治体が日常生活圏域をより細分化する形で地域を見直し、新たな地域創生を目指し「地域コミュニティ」という名称を用いた指針を打ち出した。指針を打ち出したものの、具体的にどのように実装し、評価し、改善していけばよいのか困惑している自治体が多いことも事実である。

現状では、多くの自治体において、自治会、子ども会育成会、学校・PTA、民生委員児童委員協議会、社会福祉協議会、シルバークラブ、NPO・企業、地域女性団体連絡会などが、その担い手が少なくなっている現状の中で別々に活動している。多くの自治体に存在しているそれらの団体が、連携、あるいは、連携にとどまらず融合し新たな組織となって活動ができるようになれば、地域コミュニティの中でヤングケアラーとその家族を見守ることに発展できるのではないだろうか。

著者は現在、ある自治体において、上述のような地域コミュニティの構築に向けて、行政とともに、地域の住民のみなさんとの意見交換を繰り返している。地域の実情に合った組織体制は、住民との対話なくしては成り立たないことを、改めて実感しているところである。

4. 関係機関はどのように連携ができるか

　ヤングケアラーおよびその家族を支える関係機関が非常に多く多岐にわたることは前述したとおりである。誰と誰が連携するのか、責任をもつ機関・部署はどこなのか、全体のマネジメントは誰が行うのかなど、ケースによって（状況によって）変わってくるが、ヤングケアラーという問題が顕在化する前に、保健、福祉、教育が、子どもと家族の情報を共有し、顔の見える関係になっておきたい。そのようなことが可能となる１つのチャンスが「就学時」である。

　就学時には、学齢簿が作成されたあとから就学の４か月前までに市町村教育委員会が実施主体となって就学時健診が実施される。現状では、市町村教育委員会の担当者と各学校とで実施され、就学時健診の際の情報も市町村教育委員会と学校が持つが、この際に、市町村の保健部門と福祉部門も参加することを提案したい。

　前述のとおり、市町村の保健部門は、妊娠届出時から３歳児健診までの子どもと家族の情報を持っている。福祉部門は、保育所に入所していた子どもなら、保育所という集団における子どもや家族の情報を持っている。福祉の支援を受けた子ども、家族ならそのような情報も持っている。個人情報保護の問題については、情報共有の仕組みを構築する際に、その目的と情報共有の範囲を明確にして同意をもらうことでクリアできると考える。就学の際に、保健部門、福祉部門、教育部門が持っている情報を整理して共有し、すでに何らかの支援の必要のある子どもと家族、将来的に支援が必要となる可能性の高い子どもと家族について共有しながら、顔の見える関係を作ることで、ヤングケアラー等の問題の予防、早期発見、早期支援が可能になるのではないだろうか。簡単なことではないかもしれ

ないが、不可能なことではないと考える。

　最後に「受援力」に触れておきたい。育児放棄を含む児童虐待や養育困難の養育者の孤立の背景に、うまく助けを求めることができず、支援につながることが難しい現状が指摘されている[11]。助けを求めたり助けを受けたりすることのできる「受援力」という言葉は、災害後に被災地側がボランティアの支援を受け入れることができるように内閣府が作成したリーフレットで用いられ、東日本大震災後に広がった。そして、子育て支援の場においても、1人ですべてこなそうと奮闘することで困難感を高めてしまう養育者の事例などにあてはまる[12]。令和3年度子ども・子育て支援推進調査研究事業「ヤングケアラーの実態に関する調査研究報告書」において、ヤングケアラーといわれている子どもたちの50.9％が、「学校や大人にしてもらいたいことは特にない」と答えており[13]、千葉県の調査結果においても、「お世話をしている」児童生徒のうち、誰かに相談した経験が「ある」と回答した子どもは1割未満だった[14]ことが報告されており、本書の第2章でもヤングケアラーの課題として報告されている。ヤングケアラー支援においても「受援力」を高めるような働きかけを、保健、福祉、教育が連携して実施していくことが求められている。

11　望月由妃子他「被虐待児の育児環境の特徴と支援に関する研究」一般財団法人厚生労働統計協会『厚生の指標』57(2) 2010年、24〜30頁
　　望月由妃子他「養育者の育児不安および育児環境と虐待との関連　保育園における研究」日本公衆衛生学会『日本公衆衛生雑誌』61(6) 2014年、263〜274頁
12　渡邉多恵子他「第5章 保育所で養育困難に寄り添うサポートによる虐待リスク低減」黒田公美編著『子ども虐待を防ぐ養育者支援−脳科学，臨床から社会制度まで』（岩崎学術出版社、2022年）98〜110頁
13　株式会社日本総合研究所「ヤングケアラーの実態に関する調査研究報告書」（2022年3月）
14　千葉県・一般財団法人地方自治研究機構「ヤングケアラーの実態調査とその支援に関する調査研究」（2023年3月）

第 9 章

ケアラー支援条例にみる
自治体のヤングケアラー支援

1. はじめに

　本章では、自治体（都道府県および市町村）におけるケアラーの支援に関する条例（以下、ケアラー支援条例）の制定状況、具体的には、各自治体において制定されたケアラー支援条例の類型、都道府県と市町村レベルでのケアラー支援条例の特徴、首長提案条例と議員提案条例の特徴の概要を把握し、その後、平均的なケアラー支援条例の内容等について見ていく。

2. ケアラー支援条例の類型

　ケアラー支援条例は、埼玉県が2020年3月に全国で初めて制定し、その後、北海道栗山町が2021年3月に全国の市町村の中で最初に制定した。2023年1月末日時点で、県レベルで4団体（北海道、茨城県、埼玉県、長崎県）、市町村レベルで9団体（さいたま市、白河市、入間市、名張市、総社市、備前市、栗山町、浦河町、那須町）においてケアラー支援条例の制定が確認できる（一般財団法人地方自治研究機構のホームページに詳述されており参照されたい）。

　各自治体が制定したケアラー支援条例の特徴を類型化して見ると、ケアラー支援条例として制定し、その中でヤングケアラーも含めて規定した埼玉県条例と同様の条例が最も多い。

　埼玉県の入間市条例（「入間市ヤングケアラー支援条例」）はヤングケアラーにのみ特化した条例となっており、これは全国初の条例である。入間市がヤングケアラーのみに特化した条例を制定した理

由は、先述のとおり埼玉県では入間市に先行してケアラー支援条例を制定したものの、「ヤングケアラーは、子供自身やその家族に支援が必要との自覚がないケースが多く、表面化しにくいという問題を抱えている。また、実際にヤングケアラーの場合、支援を求め、受け入れるのは保護者であり、子供自身にその判断ができないといった観点から、ヤングケアラーを市がしっかりと支援していくことが重要である。そのため、県の概念的な条例から一歩踏み込んで、市としてヤングケアラーを発見し、状況を把握した上で適切な支援を講じていく、その責務は市にあるものと考えている。」[1]ためである。

　その一方、栗山町および浦河町の条例では、ヤングケアラーについて直接言及した規定は置かれていない。

　また、標準的なケアラー支援条例という形は採用していないものの、山梨県および鳥取県条例ではヤングケアラー等について、その支援を推進するとした条例がある。

　山梨県では、子どもの権利を守る条例（「やまなし子ども条例」）の中の1章がヤングケアラーを支援し推進すると規定した条例となっており、こうした条例は全国で初となっている。

　鳥取県（「鳥取県孤独・孤立を防ぐ温もりのある支え愛社会づくり推進条例」）では、ヤングケアラー、産後うつを発症した者、老老介護や高齢の親が中高年のひきこもり状態にある子を支える8050問題といわれる身体的または精神的負担を負う者等について、本人および家族・援助者の支援に一体的に取り組む条例となっている。なお、こうした条例は全国初とされている。

　本章では、ケアラー支援条例として標準的な規定ぶりとなってい

1　2022年6月入間市議会定例会6月3日付け会議録

る前述の県レベルの4団体、市町村レベルの9団体、合計13団体を対象に検討していく。

3. 都道府県条例・市町村条例の特徴

　県レベルのケアラー支援条例の特徴としては、域内の市町村との連携、広報・啓発・普及、人材の育成および民間支援団体等による支援の推進について規定している条例が多いことが挙げられる。特に、広報・啓発・普及、人材の育成および民間支援団体等による支援の推進については、県は、市町村と比較して圏域が広く域内人口も多いことから規定されたものと考えられる。

　また、県レベルのケアラー支援条例では、すべての団体で、ケアラーの支援に関する推進計画の策定について規定している。

　一方、市町村レベルのケアラー支援条例の特徴としては、ケアラー支援のために重要となる、ケアラーの早期発見について規定した条例が複数あることが挙げられる。これは、ケアラー支援の現場を担う市町村の役割を踏まえたものであると考えられる。

4. 首長提案条例か議員提案条例か

　首長は地方自治法（以下、「自治法」という）第149条1号で議案の提出権が認められており、自治体の議員は自治法第112条第1項および第2項で議員定数の12分の1の賛成者をもって議案を提出することができるとされている。

　そして、首長が提出した条例議案に対し、議員から提出された条

例議案を「議員提案条例」と呼ぶことがある。

　また、議員提案条例の中には、議員定数、議員報酬等の議会の運営や議員の身分等に関する条例もあり、これらとケアラー支援条例、ヤングケアラー支援条例のように政策に関する条例とを区別するために、後者を「政策条例」、「政策的条例」と呼ぶこともある。

　なお、全国市議会議長会の調べによると、2021年の全国の市における市長提出による条例議案の件数は25,394件である一方、議員提出による条例議案の件数は805件とされており、圧倒的に市長提案条例が多くなっている。これは都道府県および町村でも同様の傾向となっている。

　前出の13団体のケアラー支援条例のうち、埼玉県、茨城県、長崎県および那須町の4団体が議員提案条例に該当し、それ以外は首長提案条例となっている。議員提案条例の割合が比較的高いのは、ケアラー支援・ヤングケアラー支援が、高齢、身体障害、精神障害、介護および学校等の多くの部局に横断的にかかわるものであって、縦割りの行政組織からは提案しにくい内容であること、普段から有権者と接することが多く住民の生活の現場に近い議員側から提案しやすいテーマであること、嚆矢となった埼玉県条例が議員提案条例でありそれを参考にしたことなどが考えられる。

　近年、一般的には議員提案条例が肯定的に評価されているものの、議員提案条例は首長提案条例と比較して、本会議や委員会質疑の手続きが簡略化されている例もみられること、パブリックコメント（意見公募）が実施されなかったり、実施されたとしても特定政党のホームページのみで行われており寄せられた意見数が極端に少なかったりする例が見られること、条例の逐条解説が作成されていない・公表されていない例もあることなど、多くの課題も残されている。

いずれにしろ、条例の目的を実現するために、条例制定過程において多くの関係者等の意見を聴くなど、理念条例ではあるもののより効果的な条例を制定することが各自治体には求められている。

5. 平均的な条例の内容

以下で、平均的なケアラー支援条例の内容を見ていく。なお、各自治体の条例の項目については図表9－1（188・189頁）を参照されたい。

（1）目的

標準的な規定ぶりとしては、ケアラー支援に関し、基本理念を定め、自治体の責務ならびに住民、事業者および関係機関の役割を明らかにするとともに、ケアラー支援に関する施策の基本となる事項を定めることによって、ケアラー支援に関する施策を総合的かつ計画的に推進し、もってすべてのケアラーが健康で文化的な生活を営むことができる社会を実現することを目的とするとされている。

茨城県条例では、目的規定中に「とりわけ次代の社会を担うヤングケアラーの教育の機会の確保等が図られるとともに」とあり、ヤングケアラーに言及した書きぶりとなっている。

ヤングケアラーに特化した入間市の条例においては、「この条例は、ヤングケアラーの支援に関し、基本理念を定め、市の責務並びに保護者、学校、地域住民等及び関係機関の役割を明らかにするとともに、ヤングケアラーの支援に関して基本となる事項を定めることにより、ヤングケアラーの支援に関する施策を総合的かつ計画的に推進し、もって社会全体で子どもの成長を支えるための環境づく

りに寄与することを目的とする。」と、子どもの成長を支えるための環境づくりが目的とされている。

（2）定義

多くの自治体で定義されている事項としては、ケアラー、ヤングケアラー、関係機関、民間支援団体がある。そして、事業者、学校を定義している条例も多い。

ケアラーの定義としては、高齢、身体上または精神上の障害または疾病等により援助を必要とする親族、友人その他の身近な人に対して、無償で介護、看護、日常生活上の世話その他の援助を提供する者とされている例が多い。

なお、一般社団法人日本ケアラー連盟におけるケアラーの定義は、「こころやからだに不調のある人の「介護」「看病」「療育」「世話」「気づかい」など、ケアの必要な家族や近親者、友人、知人などを無償でケアする人のことです。」とされている。

そして、ヤングケアラーの定義は、入間市以外のすべての条例で、ケアラーを定義したうえで、そのうちの18歳未満の者とされている。ヤングケアラーに特化した入間市条例においては、「本来大人が担うと想定される家事や家族等身近な者に対する介護、看護、日常生活上の世話その他の援助を無償で提供する18歳未満の者をいう。」とされている（2条1号）。

また、関係機関の定義については、介護、障害者および障害児の支援、医療、教育、児童の福祉等に関する業務を行い、その業務を通じて日常的にケアラーにかかわる可能性がある機関としている例が多くなっている。

なお、栗山町の条例においては、条例が成立する過程で多くのかかわりがあった社会福祉協議会について規定している。

（3）基本理念

　多くの自治体条例では、基本理念として、①ケアラーの支援は、ケアラーが個人として尊重され、健康で文化的な生活が営むことができるように行われなければならないこと、②ケアラーの支援は多様な主体が相互に連携を図りながらケアラーが孤立することのないよう社会全体で支えるように行われなければならないこと、③ヤングケアラーの支援は、適切な教育の機会を確保し、心身の健やかな成長および発達ならびにその自立が図られるように行われなければならないことを規定している。

（4）責務規定

ア．自治体の責務

　すべての自治体で条例を制定した自治体自身に対する責務を責務規定の冒頭で規定している。多くの条例では、①ケアラー支援に関する施策を総合的かつ計画的に実施すること、②多様な主体と相互に連携を図ることについて規定している。また、県レベルの条例においては、市町村に対する助言その他の必要な支援を行うことについて規定している。

　長崎県条例においては、離島、へき地および中山間地域の地域性および特殊性について言及したうえで、ケアラー支援に関する施策を実施するとしている。

　さいたま市条例では、支援を必要としているケアラーの早期発見について努めるとされている。

イ．住民の役割

　当該自治体の住民に対する責務規定では、その「役割」として、

①ケアラーが置かれている状況およびケアラーの支援の必要性についての理解を深め、ケアラーが孤立することのないように十分配慮すること、②自治体が実施するケアラーの支援に関する施策に協力するよう努めるとされている例が多い。なお、茨城県条例では「役割」ではなく、県民の「理解」とされている。

ウ．事業者の役割

　事業者に対する責務規定では、その「役割」として、①事業者は、ケアラーの支援の必要性についての理解を深め、自治体が実施するケアラーの支援に関する施策に協力するよう努めるものとすること、②事業者は、雇用する従業員がケアラーである可能性があることを認識するとともに、当該従業員がケアラーであると認められるときは、必要な支援を行うよう努めるものとしている例が多い。

　なお、茨城県条例では事業者の「協力」とされている。

　また、ヤングケアラーに特化した入間市条例においては、事業者の責務については規定していない。その一方、「保護者の役割」について規定している。

エ．関係機関の役割

　関係機関に対する責務規定では、その「役割」として、①関係機関は、自治体が実施するケアラーの支援に関する施策に積極的に協力するよう努める、②関係機関は、その業務を通じて日常的にケアラーにかかわる可能性がある立場にあることを認識し、かかわりのある者がケアラーであると認められるときは、ケアラーの意向を尊重しつつ、ケアラーの健康状態、その置かれている生活環境等を確認し、支援の必要性の把握に努める、③関係機関は、支援を必要とするケアラーに対し、情報の提供、適切な支援機関への案内または

取り次ぎ、その他の必要な支援を行うよう努めるとされている例が多い。

オ. 教育関係機関の役割

　教育関係機関に対する責務規定では、その「役割」として、①教育に関する業務を行う関係機関は、その業務を通じて日常的にヤングケアラーにかかわる可能性がある立場にあることを認識し、かかわりのある者がヤングケアラーであると認められるときは、ヤングケアラーの意向を尊重しつつ、ヤングケアラーの教育の機会の確保の状況、健康状態、その置かれている生活環境等を確認し、支援の必要性の把握に努めるものとする、②教育に関する業務を行う関係機関は、支援を必要とするヤングケアラーからの教育および福祉に関する相談に応じるとともに、ヤングケアラーに対し、適切な支援機関への案内又は取り次ぎその他の必要な支援を行うよう努めるものとする、とされている例が多い。

　条文の見出しが、「教育関係機関の役割」ではなく、「学校等の役割」とされている例もある。

　また、教育関係機関の責務規定を上述の「エ. 関係機関の役割」の中で規定している茨城県条例や那須町条例の例もある。

カ. その他

　北海道条例では「支援団体の役割」について関係機関の役割に含めず、それを単独で規定している。

（5）推進計画・基本方針

　多くの自治体条例では、ケアラーの支援に関する推進計画、基本方針あるいは施策に関して規定している。

ア．推進計画

　推進計画について規定している条例では、ケアラーの支援に関する施策を総合的かつ計画的に推進するための計画（以下、推進計画とする）を策定するものとし、推進計画では、①ケアラーおよびヤングケアラーの支援に関する基本方針、②ケアラーおよびヤングケアラーの支援に関する具体的施策、③ケアラーおよびヤングケアラーの支援に関する施策を推進するために必要な事項について定め、そして、推進計画を定め、または変更したときは、遅滞なくこれを公表するとする例が多い。

　このため、具体的なケアラーの支援のための施策は基本方針等で規定されることとなる。県レベルの条例では、すべての自治体で推進計画を策定するとされている。

イ．基本方針

　基本方針について規定している条例では、ケアラー支援に関する施策を推進するため、①ケアラー支援に関する基本方針、②ケアラー支援に関する具体的施策、③ケアラー支援に関する施策を推進するために必要な事項について定めている。

ウ．施策

　施策について規定している備前市条例では、ケアラー支援に関する施策を推進するため、①ケアラー支援に関する広報および啓発、②ケアラー支援体制の構築、③ケアラー支援に関する施策を推進するために必要な事項について定めている。

　同様に、施策について規定しているさいたま市条例では、①相談支援体制の整備および周知に関すること、②ケアラー支援を担う人材を育成するために必要な研修の実施および情報の提供に関すること、

③ケアラーが休息、休養その他の事由により介護等ができなくなった場合に、一時的に介護等を提供する取り組みその他のケアラーの負担を軽減するために必要な支援に関すること、④ケアラーが介護等の方法等に関する理解を深めるために必要な支援に関すること、⑤ケアラー同士の交流の場の提供その他のケアラーが互いに支え合う活動の促進に関すること、⑥学校生活または社会生活を円滑に営むうえでの困難を有するケアラーに対する修学または就業に関する支援に関すること、⑦ケアラー支援のために必要な事項に関することと具体的施策を条例に列挙している。

(6) 広報・啓発

条文の見出しでは「広報及び啓発」、「普及啓発」等とされ、多くの条例では、広報活動および啓発活動を通じて住民、事業者および関係機関にケアラーが置かれている状況、ケアラーの支援の方法等のケアラーの支援等に関する知識を深め、社会全体としてケアラーの支援が推進されるよう必要な施策を講ずるとされている。なお、県レベルの条例ではすべての団体で規定されている。

(7) 人材育成

半数程度の条例では、ケアラーの支援の充実を図るため、相談、助言、日常生活の支援等のケアラーの支援を担う人材を育成するための研修の実施その他の必要な施策を講ずるとされている。

茨城県条例では、カウンセラー、ソーシャルワーカーを例示し、その対象に含めている。

（8）民間支援団体等による支援の推進

　多くの県レベルの条例では、民間支援団体その他のケアラーを支援している者が適切かつ効果的にケアラーの支援を推進することができるよう情報の提供、助言その他の必要な施策を講ずるとされている。

　その一方、該当する民間支援団体が想定されない、圏域が小さい市町村レベルの条例では規定している団体は少なくなっている。

（9）体制の整備

　多くの条例では、ケアラーの支援を適切に実施するため、ケアラーの支援に関する施策を総合的かつ計画的に実施するために必要な体制および自治体、関係機関、民間支援団体等の相互間の緊密な連携協力体制の整備に努めるとされている。

　県レベルの条例ではすべての自治体で規定されており、市町村レベルの条例では半数程度の自治体で規定されている。

（10）財政上の措置

　多くの条例では、ケアラーの支援に関する施策を推進するため、必要な財政上の措置を講ずるよう努めるとされている。

　県レベルの条例ではすべての自治体で規定されており、市町村レベルの条例では数自治体で規定されている。

（11）その他特徴的な規定

ア．ケアラーの早期発見

　北海道条例においては、ケアラーの早期発見に向けて、学校、職場、地域その他のさまざまな場における気づき、市町村、関係機関

図表9－1　ケアラー支援条例の構成

都道府県および市区町村名	条例の名称	施行日	前文	目的	定義	基本理念	自治体の責務	住民の役割（理解）	事業者の役割（協力）	関係機関の役割	学校・教育関係機関の役割	
埼玉県	埼玉県ケアラー支援条例	2020年3月31日		○	○	○	○	○	○	○	○	
茨城県	茨城県ケアラー・ヤングケアラーを支援し、共に生きやすい社会を実現するための条例	2021年12月14日	○	○	○	○	○	○	○	○		
北海道	北海道ケアラー支援条例	2022年4月1日		○	○	○	○	○	○	○	○	
長崎県	長崎県ケアラー支援条例	2023年4月1日	○	○	○	○	○	○	○	○	○	
北海道栗山町	栗山町ケアラー支援条例	2021年4月1日		○	○	○	○	○	○	○		
三重県名張市	名張市ケアラー支援の推進に関する条例	2021年6月30日		○	○	○	○	○	○	○	○	
岡山県総社市	総社市ケアラー支援の推進に関する条例	2021年9月9日		○	○	○	○	○	○	○	○	
北海道浦河町	浦河町ケアラー基本条例	2021年12月14日		○	○	○	○	○	○	○		
岡山県備前市	備前市ケアラー支援の推進に関する条例	2021年12月24日		○	○	○	○	○	○	○	○	
栃木県那須町	那須町ケアラー支援条例	2022年3月14日		○	○	○	○	○	○	○		
埼玉県入間市	入間市ヤングケアラー支援条例	2022年7月1日		○	○	○	○	○		○	○	
埼玉県さいたま市	さいたま市ケアラー支援条例	2022年7月1日	○	○	○	○	○	○	○	○	○	
福島県白河市	白河市ケアラー支援の推進に関する条例	2022年9月30日		○	○	○	○	○	○	○	○	

支援団体の役割	保護者の役割	早期発見	市町村との連携等	推進計画・基本方針・施策	ケアラーの支援	ケアラー支援推進協議会の設置	広報および（普及）啓発	人材の育成	民間支援団体に対する支援	ケアラーの早期発見等	ケアラーを支援するための地域づくり	実態調査等	年次報告	体制の整備	財政上の措置
				○			○	○	○					○	○
			○	○	○		○	○	○			○	○	○	○
○				○			○			○	○			○	○
			○	○			○	○	○					○	○
				○		○									
				○			○	○						○	
				○			○								
				○											
				○											
				○			○	○	○					○	
	○	○			○		○							○	○
				○			○							○	○
		○					○	○		○					

出典：筆者作成

および支援団体の間の情報の共有ならびに必要となる人材の育成を促進するために必要な措置を講ずるとともに、市町村および関係機関との緊密な連携の下、ケアラーが相談することができる場を確保するために必要な措置を講ずるとされている。

また、ヤングケアラーへの支援に関し、ヤングケアラーが自らの意見を表明する権利を行使することができ、かつ、その意見が適切に支援に反映される環境の整備に努めるとされている。

市町村レベルの条例でも数自治体で同様に規定している。

イ．実態調査

茨城県条例では、県は、ケアラーの状況を把握し、ケアラーの支援に関する施策を効果的かつ効率的でその状況に応じたものとするため、定期的に、必要な調査を行うとされている。

また、県は、ケアラーの支援について、先進的な取り組みに関する情報その他の情報を収集し、および提供するよう努めるとされている。

実態調査について規定しているのは、茨城県条例のみとなっている。

ウ．年次報告

また、茨城県条例では、知事は、毎年度、ケアラーの支援に関して講じた施策の実施状況および成果を取りまとめ、議会に報告するとともに、これを公表するとされている。

茨城県条例は議員提案条例であるため、議会側が知事に対して報告・公表義務を課したものであると思われる。

6. 条例の5つの意義

　一般社団法人日本ケアラー連盟によれば、ケアラー支援条例の制定について、下記5つの意義が指摘されている。

①ケアラー・ヤングケアラーの存在を社会的に認識させた。

②ケアラー・ヤングケアラーが置かれている状況や抱えている問題を、社会的に解決すべき問題として認識させた。

③ケアラー・ヤングケアラーを社会的支援の対象として位置づけた。

④ケアラー・ヤングケアラーが問題を抱える原因を探り、課題「すべてのケアラーが個人として尊重され、健康で文化的な生活を営むことができる社会の実現」を明確化させた。

⑤すでに実施されているフォーマルおよびインフォーマルなケアラー支援に公的根拠を与えた。

　一般的な政策の過程として、①課題（アジェンダ）設定、②政策立案、③政策決定、④政策執行、⑤政策評価という段階があるとされている。

　前述の5つの意義は、ケアラー・ヤングケラーを取り巻く問題が、行政として解決すべき課題として認識され、政策過程の最初の段階、課題（アジェンダ）設定として取り上げられることで「政策の窓」が開かれたことを示していると考えられる。

7. ケアラー支援

　現在の私たちを取り巻く状況を見れば、急速な高齢化の進行、核家族化、晩婚化等によって、誰もがケアをされる側にも、ケアをす

る側にもなり得る状況となっている。介護保険をはじめとして、ケアをされる側に対する社会的な制度は整備されつつあるものの、ケアをする側（ケアラー）に対する支援や法制度はそれに比較して極めて脆弱となっており、ケアラーが健康で文化的な生活を営むことができる環境を整備する必要がある。

とりわけ、本来大人が担うと想定されている家事や家族の世話などを日常的に行っているヤングケアラーは、年齢や成長の度合いに見合わない重い責任や負担を強いられることで、日常生活への支障はもとより、適切な教育の機会が確保されず、進学、就職等に大きな影響を受けてしまうことが懸念される。

こうした中、ヤングケアラーを含むケアラーが抱える問題を解決する方策の1つが、自治体が実施する各種支援策であり、それに根拠を与えるのがケアラー支援条例である。

仮にケアラー支援条例がない中にあっても、ケアラー支援計画やケアラー支援方針等に基づいて各種ケアラー支援を実施することは可能である。理念条例として、前出の条例の意義で記載したように、ヤングケアラーを含むケアラー支援を自治体の問題として認識し、実際に支援策を実施していく意思表示をすることは重要であると考える。

各自治体にあっては、その自治体の置かれた状況に応じて、ヤングケアラーを含むケアラー支援条例の制定を検討することが求められていると考える。

参考文献

・鈴木庸夫『自治体法務改革の理論』（勁草書房、2007年）

・秋吉貴雄『公共政策学の基礎』（有斐閣、2015年）

・仲田海人・木村諭志『ヤングでは終わらないヤングケアラー』
（クリエイツかもがわ、2021年）

・濱島淑恵『子ども介護者』（角川新書、2021年）

・一般社団法人日本ケアラー連盟『ケアラーを社会で支えるために
≪ケアラー支援法・ケアラー支援条例を≫』2021年7月（改訂版）

・一般社団法人日本ケアラー連盟『ケアラーを社会で支えるために
～補足資料～』2021年7月

・「政策条例、議論せず採決　県議会議員提案21件　疑問の声も」
毎日新聞　茨城版、2022年9月23日

第 10 章

これからの
ヤングケアラー支援の実践

── 福祉と教育の橋渡し ──

1. 「ヤングケアラー」と名づけるということ

（1）ヤングケアラーを理解する意味

　ヤングケアラーを考える際に、最初に取り組まなければならないのは、「ヤングケアラーとは何か」という基本的な確認、日本のヤングケアラーの置かれている現状と問題点などを正確に理解することである。

　ケアは一般的に「介護、世話、看護、配慮、気づかい」など包括的な意味を含んだ言葉として使用され、一般の理解が深まっている。そうした前提のもとに、ケアラーが家族や近隣の知人・友人のケアをインフォーマル（無償）で担う人を指すことも次第に周知され始めている。また、ヤングケアラーの対象年齢について、ケアラー支援の先進国イギリスでは、ヤングケアラーの年齢幅を5～17歳とし、18～24歳はヤングアダルトケアラーと分類している[1]。本章では、以下のこども家庭庁の表記を基本概念とする[2]。

> 　「ヤングケアラー」とは、本来大人が担うと想定されている家事や家族の世話などを日常的に行っているこどものこと。責任や負担の重さにより、学業や友人関係などに影響が出てしまうことがあります。

1　斎藤真緒、濱島淑恵、松本理沙、公益財団法人京都市ユースサービス協会編著『子ども・若者ケアラーの声からはじまる』（クリエイツかもがわ、2022年）4頁
2　こども家庭庁HP　https://www.cfa.go.jp/policies/young-carer/（2023年6月10日最終アクセス）

2023年４月１日に「こども家庭庁」が内閣府の外局として発足し、ヤングケアラーへの対応が厚生労働省から移管された。同庁の発足には、これまで保育所の所管が厚生労働省、認定こども園が内閣府、幼稚園が文部科学省など、縦割り行政の弊害が指摘されてきた点を是正し、保育所と認定こども園を内閣府が所管し、政府の子ども政策を束ねる司令塔の役割への期待がある。

こども家庭庁は、「企画立案・総合調整部門」「生育部門」「支援部門」の３部門で構成されている。「支援部門」は特に支援が必要な子どもをサポートする部門で、以下の４項目が示されている[3]。

①こどもの虐待防止やヤングケアラー（家族にケアが必要な人がいるため、家事や家族の世話などを行っているこども）などの支援。
②血のつながった家族以外と暮らしているこどもの生活の充実や大人になって社会に出ていくための支援。
③こどもの貧困やひとり親家庭の支援。
④障害のあるこどもの支援。

この「支援部門」は①のみならず、②〜④のいずれもヤングケアラーと関連する重要な支援であり、今後も注目していきたい。

（2）実態調査により「ヤングケアラー」への注目が向上

次に、各種調査に基づくヤングケアラーの実態を確認しておきたい。

3　こども家庭庁HP　https://www.cfa.go.jp/top/（2023年６月10日最終アクセス）

ヤングケアラーについてわが国では、2020年前後から注目を集め始めている。それまでにも一般社団法人日本ケアラー連盟による自治体単位の調査がなされていた。そして2018年度に初めて、市町村の要保護児童対策地域協議会やヤングケアラー当事者、元当事者に対する国による調査が行われた。こうした後押しがあり、埼玉県において2020年3月に全国初の「ケアラー支援条例」が公布・施行され、ケアラーのうち18歳未満をヤングケアラーと規定するに至った。

　その後、2020年度に中学2年生と高校2年生に対する実態調査、翌2021年度に小学6年生と大学3年生についての実態調査が行われた。国によるこうした「ヤングケアラーの実態調査」により、小学6年生の15人に1人、中学生の17人に1人がヤングケアラーであり、小学6年生で1日平均7時間以上にわたって家族等のケアを行っている者が7.1％いることが判明した。この調査結果から児童生徒の生活が厳しい実態であることが明らかとなり、社会一般からの注目が集まり、「ヤングケアラー」という呼称への認知度が高まり、社会問題と認識され、自治体に支援の条例やサポート体制が整うきっかけとなった。

　文部科学省が2021年6月に出した「経済財政運営と改革の基本方針2021」で、セーフティネット強化、孤独・孤立対策等における「共助・共生社会づくり」として「ヤングケアラーについて、早期発見・把握、相談支援など支援策の推進、社会的認知度の向上などに取り組む」との国の方針が明示された。

（3）「ヤングケアラー」と名付けられた意義と危惧

　社会がヤングケアラーの存在を認識し、支援策を検討・実施することは重要である。目の前にいる児童生徒をヤングケアラーと認識し、

気遣いながら見ると、それまで見えていない家族の問題や厳しい生活実態がわかり、支援すべきニーズが理解できる。家族のケアをする児童生徒が一転して、ケアを必要とする支援対象となる。

　しかし支援対象としての名前が付くと、ヤングケアラーが十把ひとからげで捉えられる傾向に注意しなければならない。また、ケアを担っている児童生徒を先入観で見ることや、ケアの相手を敵視してしまうことにもなりかねない。適正な名前が付いたとしても、その対象児・者の個別性を大切にしたかかわりをもつ必要性を忘れてはならない。対象児・者が似ているように見えても、異なる内情が含まれている場合が少なくないからである。

　特にヤングケアラーは、ケアを要する人とケアラーである児童生徒の関係性や、そこにかかわる家族の関係も、それぞれ異なる状態であることを忘れてはならない。

　本章では、以上の考察を踏まえていくつかの事例をもとに、ヤングケアラーが古くて新しい問題である点を再確認し、現代のヤングケアラーが置かれている状況や課題への理解を深め、そのうえで「これからの支援のあり方」を考察していきたい。

2. ヤングケアラーをどのように捉えるか ——事例をもとに

（1）学生が祖父母のケアラーになった事例—思いがけない動機

　15年ほど前に、大学のゼミに所属していた学生から学んだ体験がある。

学生が筆者の勤める大学を受験した理由は、祖父母の家からの通学に一番便利だったからだと、後で知った。入学当初は問題なく学生生活を送っていたが、２年生の夏ごろからレポート提出が遅れ、講義やゼミの欠席、遅刻も目立つようになった。担当教員として事情を聞くと、「祖父母のケア（介護）のために時間のやり繰りがつかない」と答えた。学生は18歳を超えていたので、ここでいうヤングではなく、若者（学生）ケアラーに該当する。

　話を聞き、初めて学生の介護の実態を知った。少し様子を見ていたが欠席や遅刻の改善がないために改めて話を聞き、筆者から要介護状態の祖父母に介護保険制度の利用や、さまざまな介護サービス活用を勧め、学業に専念できる時間をつくるように助言した。

　しかし学生は、「祖父母は他人が家に入るのを嫌がるので、家族以外の介護者（ケアラー）の活用はできない」と説明し、学生自身が介護を続けることにこだわった。続けて、「両親は仕事が忙しくて介護はできない。私１人で介護を続けるから心配しないでほしい」と言った。しかし、気になり声を掛け続け、思いあまって、「なぜ、犠牲的とまで見えるような状態でも、ケア（介護）を１人で続けるのか」と粘り強く尋ねて、実情を聞かせてもらった。

　学生は、「幼少期から、親からの心理的な虐待を受け、『生まれて来なければよかったのに』、『何をやってもダメな子』、『かわいくない』などと否定される言葉を投げつけられて育った。成長するにつれて、否定され続けた親に何とか認めてもらいたいと考えるようになった。そこで、両親がやりたがらない祖父母の介護を買って出て、介護を引き受けることで両親から認められる存在になろうとした」と、祖父母のケア（介護）を始めた動機を説明した。さらに、「今では両親も、ケア（介護）を引き受けている私にお礼を言い、自分は満足している」と語った。この事例はこども家庭庁の「支援部

門」①に当たろう。

（2）個別的な理解の大切さ

　筆者は、祖父母のケア（介護）を１人だけで続ける思いもよらない理由に、ケアラー支援の課題の根深さを思った。ヤングケアラーのなかには、幼少期に家族からケアを期待され、意識しないうちにケアが始まる場合もある。また、この学生のように、子どもの頃に経験していないケア（介護）を18歳過ぎから始める場合もある。ケアラーもそれぞれの思いや考え、感じ方をもってケアを担っているのが実情で、学生の場合は、祖父母をケア（介護）する行為が親から認めてもらう自己実現の方法で、無理でも１人でやり続けたい意味が存在した。

　本事例の場合は、「ヤング」ではない若者ケアラーであるが、ヤングケアラーの児童生徒は、ケアを担う家族構成も、ケアを必要とする相手も、状態も、家庭の経済状況も同一ではない。児童生徒の状態や感じ方や考え方を踏まえて支援を考えなければならない。その前提があって、実態を把握する必要があり、決めつけや先入観をもって話を聞くのでは、本当の実態を把握できず、真の支援につながらない。

　この学生は、卒業までケア（介護）を学業と両立させ卒業した。両親からは、学生の期待以上に温かい評価を受け、学生は「ケア（介護）を行い、両親から感謝や労りを受け、自信が湧き、それまでの両親に対する思いが整理でき、祖父母にも感謝している」と語った。学生はヤングケアラーでなく、若者ケアラーだから自分で考え、過去について整理することができたのであろう。

（3）川端康成もヤングケアラーだった

　先の祖父母を介護する学生の事例で思い出したのは、文豪・川端康成の事例である。2歳の時に医院を開業していた父を亡くし、3歳で母と死別し、母方の祖父母に引き取られた。7歳で祖母が死亡し、それから10年近く祖父との2人暮らしとなった。

　13歳で大阪府茨木中学校に入学すると約6キロの道を徒歩通学する毎日だった。小説家を志望し祖父もそれを許した。やがて祖父は寝たきりとなり、中学校からの帰宅を待ちかねた祖父の尿瓶（しびん）の始末や、寝返りの世話、愚痴の聞き役などのケアが始まる。親への孝行が当然の徳目とされていた時代である。川端康成は原稿用紙を買い、ケアの追い詰められた心理状態の日々を日記に綴った。おそらく中学校の先生に相談したとは考えられない。昼間は近隣の農家の主婦「おみよ」が来て手助けしてくれることもあったが、夜間は次第に認知症状の進む祖父に何度も呼び起こされた。

　　　朝。雀が鳴き始めると、おみよが来る。
　　　「さうでっか。二度？　十二時と三時に起きて、ししやってあげなはったんか。若いのに気の毒でんな。お祖父さんに恩返しすると思うてな。（略）」
　　　お祖父さんに恩返しすると思うて——私はこの言葉にすっかり満足した。
　　　学校へ出た。学校は私の楽園である。——この言葉はこの頃の私の家庭の状態を最も適切に現わしていわしまいか。
　　　　　　　——「十六歳の日記」『川端康成全集』第1巻（新潮社、1978年）15頁

　祖父は、川端康成が15歳の時に死去した。ケアの日々を書いた

「十六歳の日記」が、川端康成の最初の作品であり、ノーベル文学賞受賞を記念して発行された『川端康成全集』（全19巻）第１巻の冒頭に掲載されている。

　なお、年齢は数え年齢なので、川端康成が旧制中学に通いながら祖父のケアをしていたのは、満年齢の14歳ごろである。まさにヤングケアラーそのものであり、しかも、「お祖父さんに恩返しすると思うて――私はこの言葉にすっかり満足した。」とあるように、「おみよ」が用事で来られない昼間や、特に２人きりとなる夜間は自分でケアするしかなかったとはいえ、先の大学生の事例のように自己実現の方法の１つであったとも想像できる。そして、この古い事例はこども家庭庁の支援部門③の「ひとり親家庭」にあたる点に注目したい。

（4）古くて新しい問題

　川端康成の事例にとどまらない。戦後間もない第１次ベビーブーム（1946～1953）の頃から高度経済成長期（1955～1973）の中頃までの写真では、子どもが負ぶい紐で年下のきょうだいを背負っているのを目にする。当時にあっては珍しいことではなく、収穫などの繁忙期の農家をはじめとし、ごく日常的に幼い子どもに、きょうだいの世話を任せていた時代である。

　三木露風作詞の童謡「赤とんぼ」で、「夕焼小焼の　あかとんぼ　負われて見たのは　いつの日か……」と歌われるように、商家や裕福な家では子守奉公を雇ったが、普通の家では幼い子どもが年下のきょうだいを負ぶい、家業の手伝いをすることは当たり前で、子どもたちも生活の重要な支え手であった。それゆえに当時は、中学卒業生が金の卵と呼ばれ、集団就職の名のもとに集団列車で都会に運ばれたように、家族のために働くことは、家族全員が生きていくた

めに避けられず、経済的に余裕のない家庭にそれ以外の選択肢はな
かったともいえよう。

　過去にこのような生活状況があったことが、現代においても、子
どもたちの家族ケアに違和感を持ちにくい傾向があるともいえる。
そうした意味ではヤングケアラーは古くて新しい問題である。しか
し、現在進行形のヤングケアラー問題を詳細に検討すると、実は新
たな局面を迎えていることに気づく。

（5）ヤングケアラー当事者の思い

　先の2つの事例を念頭に置きながら、個別性を考えると自分の人
生、生活が押しつぶされそうな状態でも身近な家族のケア（介護）
を続けるヤングケアラーの思いや考えは、個別性が高い心理状態と
考えられる。

　現代のヤングケアラー体験の心理状態をいくつか確認してみたい。
先の大学生のように自分からケアに飛び込む場合もあれば、川端康
成の事例のごとく、考える余裕もなく、拒否する選択肢も与えられ
ず、追い詰められた心理状態でケアを行わざるを得ない場合もある。

　　　ケア（家事や母の話を聞く）が突然目の前に現れて、それが
　　自分のすべきことなのかどうかを考える時間や気持ちの余裕も
　　なく、拒否する選択肢も現れないうちに、ケアをする行動を
　　取っていました。つまり、「しなければいけない状態」という
　　より「しないという選択がない状況」に近かったと思います。

　　──斎藤真緒、濱島淑恵、松本理沙、公益財団法人京都市ユースサービス協会編著
　　　『子ども・若者ケアラーの声からはじまる』（クリエイツかもがわ、2022年）193頁

　さらに「母には心苦しいものの、自分より母のことを優先するこ

とはしませんでした。それでも、やはりケアがある毎日は日常的なしんどさにつながり、原因不明の生きづらさをもって生きていたように思います。」[4]と心情を吐露している。一方、ケアは大変であったが「ケアの経験があったからこそいまの自分がいると思っています。」[5]とケアをした祖父母に対する感謝の念を持ち、ケアによって祖父母といた時間はかけがえのないものだと積極的に評価する場合もある。ごく一端であるが、ヤングケアラーの心情がみえる。ケアラーの開始時期や年月、ケアした相手がどんな間柄なのかだけでもその感じ方は、当然違ってくる。

（6）ケアが生み出す孤立

ケアが続く状態の中で「健常者の世界で生きている同級生とも、障害者の世界で生きている母とも、欠陥品の私はこの世に存在していることが間違いなのではないかと思うことすらありました。」[6]と自己否定の状態にまで陥っている場合もある。

また、「学生時代の私は、とにかく孤独でした。大人になってからヤングケアラーという言葉に出会い、同じような経験をしてきた仲間に出会って『一人じゃないんだ』とわかり、少し楽になりました。」[7]と想像以上の孤独状態でケアを続けていたかがわかる。

これは、多くのヤングケアラーが「誰かに相談するほどの悩みでない」という理由で相談相手がいないことに通ずる。また、誰かに相談したところで現象が変わらないという考えから相談せず、誰か

4　斎藤真緒、濱島淑恵、松本理沙、公益財団法人京都市ユースサービス協会編著『子ども・若者ケアラーの声からはじまる』（クリエイツかもがわ、2022年）191頁
5　斎藤真緒、濱島淑恵、松本理沙、公益財団法人京都市ユースサービス協会編著『子ども・若者ケアラーの声からはじまる』（クリエイツかもがわ、2022年）170・171頁
6　澁谷智子『ヤングケアラーってなんだろう』（ちくまプリマー新書、2022年）85頁
7　澁谷智子『ヤングケアラーってなんだろう』（ちくまプリマー新書、2022年）86頁

に知られるのがイヤで他者への相談を控えている例も多い。相談自体の経験がないヤングケアラーや若者ケアラーは、問題解決だけが相談の意義だと考えるが、「自分のことをわかってもらえた」という感覚をもつだけでも相談の意義は大きく、心理的なサポートがなされる。

　しかし、それは相談後に感じることで、ケアの対象が両親であり幼少期からケアをしている場合は、両親に自分の困りごとを相談した経験がなく、相談の意義が感じとれないような二次障害が起こっているとも考えられる。

　また一面では、「ケアに関わっていると、学校で自分の居場所を見つけるために力を割こうという気力がなくなる。」[8]と現実的な課題を抱え、同世代との心理的なずれを感じる場面を多く体験し、同年代と距離をおくことになっていくこともある。さらに、「ケアは、『あなたが必要』『あなたでなくてはダメ』という指向性も持っており、必要とされることの依存性に子どもが抗うのも難しい」[9]と必要とされる重圧を感じ、ストレスになるともいわれている。甘えて当然の年代の児童生徒が両親から頼られ、依存される心理的な重さは計り知れないといえる。

　元ヤングケアラーや若者ケアラーが集まる場で、家族のケアに対する弱音や苦しみを打ち明けるのは心理的ハードルが高い。家族が知ったらどう思うだろうかと心配になり、成長するにつれて心配や葛藤が大きくなる。話せる場があり、話す気持ちが動いても話せないストレスは、どんなにつらいものだろうか[10]。このような実態の

8　澁谷智子『ヤングケアラー』（中公新書、2018年）110頁
9　澁谷智子『ヤングケアラー』（中公新書、2018年）121頁
10　斎藤真緒、濱島淑恵、松本理沙、公益財団法人京都市ユースサービス協会編著『子ども・若者ケアラーの声からはじまる』（クリエイツかもがわ、2022年）116・117頁

理解を周囲が積極的にしていく必要があろう。

（7）見えにくい実態

　現在の日本は、義務教育制度が定着し、経済的な困窮を緩和する福祉サービスも増えている。それでも小学校・中学校における長期欠席者のうち、1年間の不登校児童生徒数は244,940人（2021年度）[11]と過去最多である。不登校の原因は分析されているが、その原因の中にもヤングケアラーが存在することは容易に想像できる。主たる不登校の理由がケアではなくても、実質的なケアが登校の足かせになっている児童生徒もいるであろうし、こうした子どもは、統計に表れにくいと推測される。

　子どもに必要なケアがなされていなければ、児童虐待（ネグレクト）とみなされ、児童が保護の対象となる。しかし、子どもが自分で家事を行い、保護者だけではなく、きょうだいのケアをしていれば、保護者のネグレクトは外から見えにくい。そうなると保護者をケアして家庭を支えている子どもをケアする視点は、欠落しがちになる。家族全体をシステムとして見て、家族のバランスが崩れないようにする考えが先行し、家族を分離せずに生活継続を願い、子どもをケアから遠ざけず、子どもによる家族ケアは続く。

（8）感情労働というケアの負担

　ヤングケアラーが行う介護や家事労働は、いわゆる労働負担と見られやすい。しかしケアは、単なる肉体的な労働の側面だけではその負担の重さを理解できないであろう。

11　文部科学省「令和3年度児童生徒の問題行動・不登校等生徒指導上の諸課題に関する調査結果について」https://www.mext.go.jp/content/20221021-mxt_jidou02-100002753_1.pdf（2023年3月5日最終アクセス）

ケアする子どもは、自身の感情の振り幅を自分でコントロールし、ケアする相手が安心するようなかかわりを求められ、それに応えてケアを続ける。社会でいえば、専門家の介護職が行うようなケアを子どもが行っている。実社会では、感情の管理が欠かせない接客態度が重要な仕事が多く、アメリカの社会学者アーリー・ラッセル・ホックシールド（Arlie Russell Hochschild）は、このような仕事を感情労働とし、正しい感情を抱こうとする心の管理であり、深層演技にまで踏み込むことが求められていると説く。ホックシールドは、仕事、業務として感情労働を提起しているがヤング・若者ケアラーの介護も十分に当てはまるであろう[12]。

　感情労働は、職務の重要な一部として労働者に心理的負担を与え、メンタルヘルスに変調をきたすともいわれ、バーンアウト（燃え尽き症候群）が発生する原因にもなる。ホックシールドは、飛行機の客室乗務員の調査で明らかにし、「乗客には、乗務員に共感したり丁寧に接し返したりする義務は何もない。」と記した[13]。ここにコミュニケーションの課題がある。感謝の言葉がなくてもそうした感情を認知できなくても、ケア（介護）は命の問題に直結するため絶対に放棄できない。それを感じるだけでも大きな心理負担となる。

　ヤングケアラーはケア対象者を常に気にかけ、気配りし、相手がいつも安定した状態を保てるように力を注ぐ状態が365日続く。トラブルが起きれば、大人と同じような対応が求められ、状況によっては頼る人もなく、1人で対応する。このように考えると、無給であるヤング・若者ケアラーも準介護職として捉えることができ、

12　A.R.ホックシールド著、石川准・室伏亜希訳『管理される心：感情が商品になるとき』（世界思想社、2000年）
13　A.R.ホックシールド著、石川准・室伏亜希訳『管理される心：感情が商品になるとき』（世界思想社、2000年）126頁

バーンアウト（燃え尽き症候群）症状が起きても不思議ではない。また、その状態に陥っていないか判断し、支援する専門的な評価が必要となろう。

　全国市町村の要保護者児童対策地域協議会に対し、2018年度に実施された調査によると、ヤングケアラーの小学生から高校生のうち「健康（通院していない）である」が74.4％ともっとも高いが、「通院中、わからない」は合わせて17％である。また、「学校等には行っているが、授業に集中できない、学力が振るわない」が12.3％あり、不健康であるか不明であるが授業へ集中できないというのは、特徴的なことである。また、「学校等にもあまり行けていない（休みがちなど）」は31.2％で、学校へ行かなければ、朝起きられるのか、運動能力があるのかなど、健康状態をはかることさえも難しい[14]。

　また、公立中学校2年生と公立高等学校2年生を対象とした調査では、世話をするのが「身体的にきつい」が13.7％、「精神的にきつい」が33.8％の高い割合となっている[15]。

　これらの調査だけでは、燃え尽き症候群の症状を認定できないが、こうした視点を持って支援していく必要がある。

（9）　児童労働という意識でみる

　国際労働機関（ILO）の条約に、児童労働が定義されている。第138号条約では、就業が認められる最低年齢を義務教育終了後および15歳以上とし、第182号条約では危険で有害な形態の児童労働

14　三菱UFJリサーチ＆コンサルティング「ヤングケアラーの実態に関する調査研究報告書」（2019年3月）
15　三菱UFJリサーチ＆コンサルティング「ヤングケアラーの実態に関する調査研究報告書」（2021年3月）

について定義している。国際労働機関（ILO）では、児童労働の原因を貧困、教育機会の欠如、児童労働を当然視する地域社会、また無関心、差別、武力紛争や自然災害、HIV／エイズなどによる社会の混乱（子ども兵士、孤児など）、農村部から都市への移住によるスラム化、不適切な法律の施行等を挙げている。労働は、債務労働による奴隷労働、安全や道徳、健康を害するものや危険な場所、長時間労働、法的に不正なものに関与するものがある[16]。

　児童労働は長時間であり、学校へ通えず、また、国や保護者が教育を受けさせる考え自体がないこともある。児童労働は大人が子どもを利用している図式である。また、国の教育制度が弱く、学校などの教育資源が脆弱である。習慣や伝統が労働や子どもに対する意識のあり方の結果であると考えられている。

　児童労働は、子どもの学習機会を奪い、心身の健康を阻害し、健全な成長を妨げ、仕事に見合う対価も得られない。これは、子どものアルバイトや手伝いとは区別される。これらと対比させると、ヤングケアラーの仕事は、児童労働と同じだとはいえないが、未収入で、精神的・肉体的負担が長時間にわたり、心身の健康的な成長が阻害され、子どもらしい生活の時間を妨げられている状況は同じといえるだろう。

　さらに、わが国の現況を見るとき、子どもが家族を助けるのはよいことだと考える教育的視点や指向性がある点を顧みる必要がある。

　ケアによって子ども時代、若者時代に得られる同世代の友人と共にいる時間、年齢相応の知識、技術、社会性等をケアという労働によって失う、または得られないという点を考えた時に、ヤングケア

16　ILO駐日事務所HP　https://www.ilo.org/tokyo/areas-of-work/child-labour/lang--ja/index.htm（2023年3月5日最終アクセス）

ラーの現状を直視した支援を考える必要がある。

　現在の労働基準法上では、義務教育である中学校を修了するまでの児童は、労働者として雇用できない。また、未成年者を労働者として雇用する場合、健全な成長、教育機会を阻むことがないよう、健康や福祉の面から、労働条件に制限がある。こうして、児童生徒は、労働という場面からも法的に守られる必要がある。

3. ヤングケアラーへの支援のあり方

（1）支援する場を考える

　ヤングケアラーを支援する際に、支援拠点の確認は支援を実現するために重要で、さまざまな支援協力を得るためには、多くの人々のコンセンサスが求められる。支援拠点には、情報が集まり支援計画が練られ、コーディネート機能が必要となる。

　現在の社会的資源から支援拠点を模索すると、義務教育が実施されている学校がその役割を果たせる可能性が考えられ、また、既にその役割を果たしていることが第4章の記述の事例からもわかる。まず、支援拠点の考え方を示していきたい。

①学校の特性

　憲法において、教育は国民の権利であり、保護する子女には教育を受けさせる義務であると規定し、義務教育制度のもと学校教育が実現している。明治時代から続く義務教育制度は、完全就学を目指したもので、この制度によって、学校はすべての児童生徒にかかわることができ、ヤングケアラーの支援を考えるときだけではなく、

他の理由によって、生活上の支援が必要な場合にも、児童生徒への接触が教育的側面から違和感なくできる。

　学校は教育遂行上、児童生徒の家庭状況や生活実態の把握を掲げることができる。たとえば、児童生徒に身体症状があれば、宿題が提出されず、忘れ物が続き、友人とのトラブルがあれば、その現象を捉え、学校が家庭に連絡を取ることに違和感は生じない。保護者が連絡に応じるか否かの問題はあるが、学校の教職員が実態把握のために家庭訪問や電話をかけて保護者に様子を尋ねることは、学校の教育活動の範囲として不審な点はない。教職員の業務負担の検討はさておき、ヤングケアラーの児童生徒のケアの実態を家庭訪問によって理解できる可能性がある。

　しかし、たとえば、支援が必要な高齢者や障害者の場合は、市区町村の高齢福祉や障害福祉の担当職員が近隣者から虐待通報を受けても、面識もないために急な家庭訪問はハードルが高く、接触するためには違和感がない口実の工夫を要する。この差を考えても学校が教科教育以外に、児童生徒に積極的にかかわる場となり得ることを考えていきたい。

②学校を支援拠点とする

　基本的に、学校は登校状況から全数の児童生徒の生存を確認し、児童生徒の小さな異変も知ることができる。完全就学は、児童生徒の全体を把握する重要な機能として活用できる。

　自ら「助けてほしい」と声をあげられない児童生徒がいることを考えると、全数の中で支援の必要性を判断できるのは、学校の強みである。たとえば、ヤングケアラーの児童生徒が支援を必要としている自覚がない場合でも、学校の教職員等が支援の必要性を感じた場合は、学校に支援者を呼び支援方法等を相談し、支援のスムーズ

な介入が望めると考える。

　さらに学校は、長期休暇等はあるが基本的に毎日通学するため、児童生徒の状態を観察でき、変化を見て取れ、緊急的な場合もすぐに介入できる可能性があり、年単位の見守りができる。小学校においては、最大6年間の見守りができ、義務教育機関の中学校を入れると9年間ある。このように長期にわたるかかわりの場を有効に活用することで児童生徒への支援の可能性が広がる。

　福祉的支援の必要があっても、児童生徒が相談機関等へ行くのはハードルが高く、容易ではない。見も知らぬところにケアラーとして相談等に出向くのは現実的でない。しかし支援が学校内で受けられるならば、児童生徒にとってハードルが低く、学校内で放課後や休み時間に対応してもらえるとなると、支援を受けるモチベーションも変わってくる。

　ヤングケアラーに限らず、基本的に利用者（児）本位の支援を考えれば、利用者（児）がいる場で支援が可能となるのは極めて重要で、支援のタイミングを逃さないことになろう。これは、病院にソーシャルワーカー（社会福祉士や精神保健福祉士）である社会福祉分野の専門職が配置され、医療機関でも社会福祉の支援が受けられるのと同じ原理である。

　マンパワーの投入の課題はあるが、教育の場である学校が児童生徒が福祉的支援も受けられる場になっていくことは、子どもや家族にとって有益だと考える。

（2）教育と福祉の関係

①学校における福祉的支援

　学校教育は、教育関連法規等によって、長期欠席児童等の就学に対する支援が規定され、経済的理由による長期欠席児童を削減する

方策がとられてきた長い経過がある。それは誰にも等しく学校教育が享受できるように図られてきたからである。

　先にも述べたが、長期欠席者のうち、不登校児童生徒数の増加も深刻な課題として捉え続けられている。不登校の児童生徒の長期欠席理由は、経済的要因に限らず、健康上のことや障害を理由とするもの、家庭環境の要因（ヤングケアラー）など各種の課題があり、福祉的アプローチがなければ解決できない実態がある。そのため、それぞれの課題に対応するために学校給食、学校保健、学校安全（災害共済給付）、就学援助等の福祉的支援がなされ、2008年からは、スクールソーシャルワークが学校に導入された。

　たとえば、学校給食も学校保健も、明治20年代から先駆けた活動が始まり、現在も続く制度であり、現代では学校給食、学校保健の充実が改めて考えられている。この流れだけを概観しても学校教育を成り立たせ、十分な教育を行き渡らせるために生活上にまつわる食や健康に関連する福祉的支援が欠かせないのは、明白であろう。

　一方、教育基本法第10条では、「父母その他の保護者は、子の教育について第一義的責任を有するもの」と定め、教育は保護者が一義的責任を有し、家庭が担うこととされている。そして同法第10条第2項では、「国及び地方公共団体は、家庭教育の自主性を尊重しつつ、保護者に対する学習の機会及び情報の提供その他の家庭教育を支援するために必要な施策を講ずるよう努めなければならない。」と、国と自治体への努力義務を課している。これを実現させるために、ここまで述べたように教育の補完をしているのが社会福祉であり、教育における福祉的対応が長きにわたり行われてきた。そして、法的な側面からみても家庭教育の責任を果たしきれない家庭を補完する支援の一端を担う組織が学校となっており、その役割を果たさざるを得ない状態がある。

②教育における補完的福祉と福祉理念

　学校教育の最終目的は児童生徒の人格形成である。教育は、高次元な人格形成を目指しているが、家庭における基本的生活習慣が身に付いていないことや、貧困により十分な生活保障が受けられていない児童生徒が存在する。その場合、福祉的対応が必要になるがどこまで学校の機能を拡大し、それぞれの児童生徒に対応するのか悩ましいところである。現実の問題を解決するために福祉的支援が必要であり、学校内で支援が必要である児童生徒に気づいた場合、社会福祉の理念として見ぬふりはできない。

　学校内で児童虐待や非行、貧困、不登校が問題視され、学校にスクールソーシャルワーカーが導入された際に、家庭の課題に介入することに批判を受けた事例がある。学校が家庭の問題に介入し過ぎではないかという声である。

　しかし、学校教育の中でどこまで児童生徒の福祉的対応を実施するのかを考えると、衣食住がままならない児童生徒の状態を見過ごしたままで、人格形成に対する教育が浸透するはずがない。最低限、人間らしい日常生活が営まれていることが前提で、そこで教育効果があがる。この点を学校も社会も理解しなければ、ヤングケアラーの問題を学校で支援する視点にはならないであろう。

　教育環境の整備の補完を福祉が担っている現実があるが、児童生徒の学習の保障を目指すことと、児童生徒の生活を支えることは、支援の線上にあることがわかる。ここで教育と福祉の橋渡しができるスクールソーシャルワークの具体的な支援が活きる。

③発見から支援へつなげられる学校の役割

　厚生労働省は、ヤングケアラーのためのアセスメントシートを作成し、早期発見し、ニーズ把握を行い、支援に結びつけることを目

指している[17]。

　そこには、「子ども自身の権利が侵害されていないか」「どのような権利が侵害されているか」の視点から児童生徒の状態を確認し、権利侵害の理由が「ヤングケアラー」であるかを見極められるようにアセスメントシートが設計されている。

　ヤングケアラーであっても支援を必要としていない場合も想定でき、また、ヤングケアラーの視点から見たときに、保護が必要な被虐待児であるという緊迫する状態の発見もあろう。支援を展開する時に発見機能は重要である。見ようとしなければ、そこにある問題は見えてこない。相談を受けるのを待つという姿勢ではなく、特にヤングケアラーの場合は、児童生徒側からの相談は、皆無に近いという意識で問題発見を積極的に行う姿勢で臨むことが早期発見から支援につながる道である。アセスメントシートを使うことでそのチェック項目を理解し、発見できるように児童生徒にかかわる大人の目を訓練する必要があろう。まず、ヤングケアラーは、家の手伝いをする健気（けなげ）な子どもという視点ではなく、支援を必要としている子どもかもしれないという視点を忘れてはならない。

　そして、発見した場合に支援につなげられるように窓口機能を明らかにしておく必要がある。

④スクールソーシャルワークの活躍

　学校において福祉的機能を展開できるのは、社会福祉の援助方法であるソーシャルワークが有力であろう。学校でソーシャルワークを実施するスクールソーシャルワーカーは、ヤングケアラーを発見

17　厚生労働省「ヤングケアラー早期発見のためのアセスメントシートについて」6頁
　　http://www.shien-c.com/uploads/tx_news/R2shiteisoudankaigi2-3.pdf
　　（2023年6月14日最終アクセス）

した教職員や、当事者である児童生徒、家族から、直接話を聞くことができる立場にある。ヤングケアラーを発見し、あるいは疑いをもった教職員が、学校で活動するスクールソーシャルワーカーに直接連絡をとる。教職員は発見後にすべてを背負い込む責任を感じずに、迅速に、正確に事実を伝え、ソーシャルワーカーに相談できる。

相談を受けたソーシャルワーカーは、情報収集を実施して支援の必要性を勘案し、児童生徒や保護者への接触方法等を検討し、支援のあり方を検討する。その際に、学校内で支援連携会議や外部協力者との連携、調整を実施していく。こうした実践により、教育と福祉の連携が図られ、支援が展開される。

学校内に窓口があれば、相談者はおのずと増えるであろう。たとえば病院の場合、患者である児童生徒の保護者やきょうだいが誰に介護を受けているのか、介護が重いほど、病院はケアを行っている者を把握する。介護実態が子どもの負担になっているのかまで理解が進んでいるとも言い切れないが、今後、介護者支援の視点をもつように教育、広報をすればよい。ケアラーが児童生徒であれば病院と学校の両者にいるソーシャルワーカーが情報交換できる可能性がある。ヤングケアラーの実態を知った病院がヤングケアラーに気づいた際は学校へ連絡し、連携すれば支援機能が高まる。病院で気づき、しかるべき場へ連絡することで保険点数が加算されることも検討されている。スクールソーシャルワーカーが他所のソーシャルワーカーと連携することでヤングケアラーの発見から支援が進む。

しかし、ヤングケアラーが主体となり、使える福祉サービスは圧倒的に少ない。ヤングケアラー支援には、福祉等のサービスの充実や整備が欠かせない。この時にソーシャルワーカーは、ニーズを把握し、福祉サービスの構築を目指すソーシャルアクション等の働きを行うことができ、その機能の発揮も期待される。

教育と福祉の連携は古くからの課題であるが、ヤングケアラーの支援の議論と同時に連携を深め、今後のヤングケアラー支援の鍵となろう。そこではまず、学校で福祉支援の展開が当たり前の社会的合意が必要である。

　これが文部科学省の推奨する多様な専門職体制で子どもの複雑化・多様化した課題を解決する「チーム学校」の活動を促進することになるといえよう[18]。

18　文部科学省 中央教育委員会 初等中等教育分科会（第102回）配布資料2-2「2.『チームとしての学校』の在り方」https://www.mext.go.jp/b_menu/shingi/chukyo/chukyo3/siryo/attach/1365408.htm（2023年4月14日最終アクセス）

参考文献

・小川利夫、高橋正教編著『教育福祉論入門』（光生館、2002年）

・澤田健次郎監修、村上尚三郎、間哲朗編著『福祉・教育を考える』（久美、2010年）

・村上尚三郎『教育福祉論序説』（勁草書房、1981年）

・川村匡由・瀧澤利行編著『教育福祉論　生涯学習と相談援助』（ミネルヴァ書房、2011年）

・「月刊精神科看護」365号（精神看護出版、2022年）

編著者

結城康博／淑徳大学総合福祉学部教授
1969年生まれ。淑徳大学社会福祉学部卒業。法政大学大学院修了
（経済学修士、政治学博士）。新宿区役所に勤務（児童家庭課、高齢
者福祉課で従事）。千葉県ヤングケアラー調査研究委員会委員長
（2022年4月～2023年3月）を歴任。現在、淑徳大学総合福祉学
部教授、愛星保育園（理事長）。専門は社会保障論、社会福祉学。
社会福祉士、介護福祉士。保育士の有資格。

米村美奈／淑徳大学総合福祉学部教授
1966年生まれ。淑徳大学社会福祉学部卒業。淑徳大学社会学研究
科社会福祉学専攻博士前期課程修了（社会福祉学修士）。学部卒業
後、大学病院にて医療ソーシャルワーカーとして勤務。現在、淑徳
大学総合福祉学部教授。専門は、社会福祉学（ソーシャルワーク）。
社会福祉士、精神保健福祉士の有資格。

黒川雅子／学習院大学文学部教授
1973年生まれ。日本女子大学家政学部卒業。日本女子大学大学院家
政学研究科修士課程生活経済専攻修了（家政学修士）。筑波大学大
学院図書館情報メディア研究科博士後期課程単位取得退学。高等学
校教諭、日本女子大学助手、東京女学館大学、淑徳大学を経て現在、
学習院大学文学部教育学科教授。専門は、学校教育学、教育法規。

執筆者一覧

第1章　結城康博（同掲）

第2章　結城康博（同掲）

第3章　黒川雅子（同掲）

第4章　宮地さつき
（文教大学専任講師：専門はスクールソーシャルワーク論）

第5章　松山美紀
（国際医療福祉大学介護福祉特別専攻科専任講師：専門は
介護福祉学）

第6章　菅野道生（淑徳大学准教授：専門は地域福祉論）

第7章　高梨美代子（淑徳大学助教：専門はソーシャルワーク論）

第8章　渡邉多恵子
（淑徳大学教授：専門は公衆衛生看護及び保健学）

第9章　網中肇（千葉県議会議員4期）

第10章　米村美奈（同掲）

自治体×福祉機関×教育機関×地域
ヤングケアラー支援者の役割と連携

令和5年8月20日　第1刷発行

編　著　結城康博・米村美奈・黒川雅子

発　行　株式会社 **ぎょうせい**

〒136-8575　東京都江東区新木場1-18-11
URL：https://gyosei.jp

フリーコール　0120-953-431
ぎょうせい　お問い合わせ　検索　https://gyosei.jp/inquiry/

〈検印省略〉

印刷　ぎょうせいデジタル株式会社　　　　　　　　ⓒ2023　Printed in Japan
※乱丁・落丁本はお取り替えいたします。
ISBN978-4-324-11281-6
(5108878-00-000)
〔略号：ヤングケアラー支援〕